AF564409

न नर, न नारी, फिर भी नारायण

न नर, न नारी, फिर भी नारायण

कैसे हिन्दू, जैन, बौद्ध, और सिख दर्शन जता सकते हैं तृतीय प्रकृति के प्रति आत्मीयता

प्रस्तावना

देवदत्त पट्टनायक

संपादक

जैरी जॉनसन

सह-संपादक

रेवरेंड लोरेन तुलुकेन और रेवरेंड जे.पी. मोगेथी-हीथ

सहयोगकर्ता

देवदत्त पट्टनायक

जैरी जॉनसन

सुखदीप सिंह

सचिन जैन

विवेक तेजुजा

डॉ. मीरा बेंदुर

हिंदी अनुवाद

रचना भोला 'यामिनी'

HarperCollins *Publishers* India

हार्पर हिन्दी
(हार्परकॉलिंस पब्लिशर्स इंडिया) द्वारा 2018 में प्रकाशित
बिल्डिंग नं. 10, टावर A, 4th फ्लोर,
डीएलएफ साइबर सिटी, फेज II, गुरुग्राम 122002, भारत
www.harpercollins.co.in

4 6 8 10 9 7 5

P-ISBN: 978-93-5277-927-7
E-ISBN: 978-93-5277-928-4

हार्पर हिन्दी हार्परकॉलिंस पब्लिशर्स इंडिया का हिन्दी सम्भाग है

टाइपसोटिंगः मणिपाल डिजिटल सिस्टम्स, मणिपाल

मुद्रकः थॉम्सन प्रेस (इंडिया) लि.

'पुरुष नपुंसक नारि व जीव चराचर कोई,
सर्व भाव भज कपट तजि मोहि परम प्रिय सोइ।'

(पुरुष, नपुंसक, नारी, नर या चराचर जगत में जन्म लेने वाला कोई भी जीव, जो कपट तज कर संपूर्ण भाव से मुझे भजता है, वह मुझे परम प्रिय है।')

—तुलसी रामचरितमानस (7.87)

विषय सूची

पुस्तक को लिखने का अभिप्राय

इस पुस्तक को लिखने का अभिप्राय यही है कि इस विषय में एक निजी दृष्टिकोण प्रस्तुत किया जाए कि किस प्रकार कर्म के सिद्धांत पर आधारित धर्म व विश्वास – जैसे हिंदू धर्म, बौद्ध धर्म, जैन धर्म व सिख धर्म – किन्नरों की मर्यादा को समर्थन दे सकते हैं। कार्मिक विश्वास अपने धर्मशास्त्र को आधिकारिक ग्रंथों से नहीं बल्कि ज्ञानी संतों, महत्त्वपूर्ण समारोहों के अनुष्ठानों व जन साधारण के अभ्यासों में प्रकट करते हैं। इस पुस्तक में ऐसे ही कुछ अभ्यासों, अनुष्ठानों तथा सहज स्वभावों को दिखाया गया है जिनके बल पर किन्नरों को उनके जीवन में संबल मिल सकता है। यह पुस्तक इन धर्मों के लिए दार्शनिक ग्रंथ के रूप में या धर्मसिद्धांत संबंधी जानकारी देने के लिए नहीं है। यह संबंधित विश्वासों या धर्मों में अधिकारिक स्वरों का स्थान लेने का अभिप्राय भी नहीं रखती।

डिस्कलेमर

यह पुस्तक शैक्षिक, प्रामाणिक, व्यापक या निर्णायक होने का दावा नहीं करती, परंतु कार्मिक विश्वासों की करुणामयी संभावनाओं की ओर ध्यान दिलाना चाहती है। इस पुस्तक में जिन विषयों को उठाया गया है, वे आम पाठकों के लिए हैं जो इन क्षेत्रों की विषेशज्ञतापूर्ण या गहन जानकारी पाए बिना केवल विश्वास, संस्कृति, विविधता व किन्नरों से जुड़े विषयों में रुचि रखते हैं। इस पुस्तक में दी गई व्याख्याएँ निर्देशात्मक या आलोचनात्मक नहीं हैं। इस पुस्तक के लेखक विश्वास, दर्शन व धर्मशास्त्र जैसे विषयों में रुचि रखते हैं ताकि उन्हें बेहतर जीवन जीने के लिए मार्गदर्शक चुना जा सके। वे आम जनता के बीच इन विषयों पर अपने निजी विचार रखना चाहते हैं।

अनुवादक की ओर से

'न नर, न नारी, फिर भी नारायण' पुस्तक में लेखकों ने यह दिखलाने की चेष्टा की है कि बौद्ध, जैन, सिख और हिंदू धर्म किन्नरों के लिए क्या दृष्टिकोण रखते हैं। वे उनकी पहचान और लैंगिकता को किस रूप में स्वीकार करते हैं या उसे अपनी अस्वीकृति प्रदान करते हैं। कार्मिक – अर्थात् कर्म पर आधारित – धर्मों के विषय में सरल शब्दों में जानकारी देते हुए, धर्म विशेष में किन्नरों की स्थिति वर्णित है। इस पुस्तक का हिंदी अनुवाद करते हुए तकनीकी तौर पर बहुत सारे शब्दों के साथ समस्या का सामना करना पड़ा। अंग्रेज़ी भाषा में कई ऐसे शब्द हैं जो हिंदी अनुवाद में पूरी तरह से अपने अर्थ के साथ सामने नहीं आते। हिंदी में अनूदित होते ही उनके अर्थ परिवर्तित हो जाते हैं। उदाहरण के लिए हमने अंग्रेज़ी के 'क्वीर' शब्द के लिए हर जगह 'किन्नर' शब्द का प्रयोग किया है। यह पुस्तक किन्नरों के जीवन को ऐतिहासिक और समकालीन परिप्रेक्ष्य में दर्शाते हुए, उनकी मर्यादा को समर्थन देने का प्रयास करती है। लेखकों ने कार्मिक धर्मों की करुणामयी संभावनाओं की ओर ध्यान दिलाते हुए यह आशा प्रकट की है कि समाज में किन्नरों को उनका यथायोग्य स्थान मिलेगा।

इसके अंग्रेज़ी से हिंदी अनुवाद के दौरान यह बात बहुत साफ़ तौर से समझ में आती है कि इन दोनों भाषाओं की दुनिया किस कदर अलग–अलग तरीके से सोचती है, और यह भी कि हम हिंदी बोलते हुए भी अंग्रेज़ी में सोचने के आदी बन गए हैं। इसलिए यह किताब पाठकों से धीरज की मांग करती है।

इस पुस्तक में व्यक्त सभी विचार लेखकों के अपने हैं जिनका उन्होंने यथासंभव तथ्यात्मक सत्यापन किया है किंतु इस संबंध में अनुवादक किसी भी रूप में उत्तरदायी नहीं या आपस में विचारों की सहमति का होना अनिवार्य नहीं है।

रचना भोला 'यामिनी'

अप्रैल 2018

पुस्तक के शीर्षक के विषय में

'मैं दिव्य हूँ।'
'अहम् ब्रह्मास्मि।'
वैदिक संस्कृत। *बृहदारण्यक उपनिशद*, 1.4.10 800 ई.पू.

'तुम वही हो।'
'तत त्वम असि।'
वैदिक संस्कृत। *छांदोग्य उपनिशद*, 6.8.7। 800 ई.पू.

'ब्राह्मण' का अर्थ है विस्तृत मानवीय संभावना, जिसे मनस्, चेतना, कल्पना, बुद्धिमता, स्व या प्रत्येक जीव में बसी दिव्यता के नाम से जाना जाता है। इसके बाद की हिंदू विचारधारा में, 'ब्राह्मण' का आत्मा, व्यक्तिगत आत्मा और ईश्वर के रूप में मानसिक चित्रण किया गया। बौद्ध अनुयायी एक स्थायी आत्मा या ईश्वर के विचार को स्वीकार नहीं करते। जैन धर्म के अनुयायी स्थायी आत्मा के अस्तित्व को मानते हैं जो अलग–अलग जीवों के लिए अलग होती है परंतु वे भी ईश्वर को नहीं मानते। सिख व्यक्तिगत आत्मा (जीव–आत्मा) की बात करते हैं जो सागर से जल की बूँदों की तरह अलग हो गई है, जो कि दिव्यता और परम–आत्मा है।

मूल अंग्रज़ी भाषा में पुस्तक का शीर्षक 'आई एम डिवाईन, सो आर यू' था, अर्थात् 'मैं दिव्य हूँ, तुम भी हो'। हालांकि हिन्दी अनुवाद में शीर्षक 'न नर, न नारी, फिर भी नारायण' रखा गया है, पुस्तक के विषयवस्तु और मूल भाव के मद्देनज़र, तथा पाठकों तक बेहतर ढंग से पहुँच पाने के लिए।

नोटः 'ब्राह्मण' को, हिंदू जाति 'ब्राह्मिन, हिंदू माइथोलॉजी में सृष्टि के रचियता 'ब्रह्मा', तथा वैदिक अनुष्ठान नियम–पुस्तिक 'ब्राह्मणा' से अलग माना जाए।

इस आवरण चित्र में, आठवीं सदी में अंकित अर्द्धनारीश्वर को दिखाया गया है। इसमें भगवान आधे नारी व आधे नर रूप में दिख रहे हैं। इस प्रतिमा को भारत में मुंबई के निकट, घारापुरी द्वीप में एलीफ़ेंटा की गुफ़ाओं में देखा जा सकता है। हिंदू कला में यह रूपांकन बार–बार आता है। आधी नर देह मन की तरह है और आधी नारी देह तत्व की प्रतीक है। यह प्रतिमा इस बात की भी सूचक है कि सभी सजीवों में दैवीयता के नर व मादा नियम शामिल हैं। यह लैंगिक जोड़ों की समानता उत्पन्न करने के साथ–साथ जोड़ों के मध्य एक सहज तरलता भी पैदा करती है, जिससे किन्नरों की पहचान के लिए भी स्थान बनता है।

परिभाषाएँ

लैंगिक वरीयता किसी व्यक्ति का दूसरे व्यक्तियों के प्रति स्थायी रुमानी, भावात्मक या लैंगिक आकर्षण हो सकता है। उदाहरण के लिए, विपरीत लिंगकामी, उभयलिंगी तथा समलिंगी वरीयता में विशेष तौर पर विपरीतलिंगकामी से लेकर, विशेष तौर पर समलिंगी शामिल हो सकते हैं।

लैंगिक पहचानः यह किसी स्त्री, पुरुष या विपरीतलिंगी के लिए अपने स्व की पहचान से जुड़ी है। यह किसी व्यक्ति के जैविक लिंग के अनुरूप हो भी सकती है और नहीं भी हो सकती।

लिंग भाव को प्रकट करनाः यह लिंग का बाहरी प्रकटीकारण है जैसे व्यवहार, कपड़े, बाल बनाने का तरीका, आवाज़ और शारीरिक भाव–भंगिमा।

इस पुस्तक में हमने मुख्यतः एलजीबीटी और एलजीबीटीआई के बारे में बात की है परंतु इसके अलावा एलजीबीटीआईक्यू, एसओजीआई या एसएसओजीआईई भी संबंधित शब्द हैं।

एलजीबीटी और एलजीबीटीआई वे लोग हैं जो स्वयं को समलैंगिक स्त्री, समलैंगिक पुरुष, उभयलिंगी, विपरीतलिंगी या इंटरसेक्स मानते हैं। इन दो श्रेणियों में ये सभी प्रकार के व्यक्ति शामिल हैं।

लेस्बियन या समलैंगिक स्त्री ऐसी महिला होती है जो स्थायी तौर पर दूसरी महिलाओं के प्रति शारीरिक, रुमानी, भावात्मक या आध्यात्मिक आकर्षण

रखती है। इसमें एक ही सेक्स का लैंगिक भाव या गतिविधि शामिल नहीं है।

गे या समलैंगिक पुरुष ऐसा पुरुष होता है जो स्थायी तौर पर समान लिंग के व्यक्तियों से शारीरिक, रुमानी, भावात्मक या आध्यात्मिक आकर्षण रखता है। समकालीन संदर्भ में, अकसर स्त्रियों को लेस्बियन व पुरुषों को गे कहा जाता है। इसमें भी एक ही सेक्स का लैंगिक भाव या गतिविधि शामिल नहीं है।

उभयलिंगकामी ऐसा व्यक्ति होता है जो पुरुष व स्त्री; दोनों के प्रति शारीरिक, रुमानी, भावात्मक या आध्यात्मिक आकर्षण रखता है। एक उभयलिंगकामी व्यक्ति किसी एक समय में, किसी एक लिंग के प्रति अधिक रुझान रख सकता है जो समय के साथ बदल सकता है। इसमें दोनों लिंगों के प्रति शारीरिक या लैंगिक भाव शामिल नहीं हैं, न ही यह बहुल संबंधों की ओर संकेत करता है।

ट्रांस, ट्रांसजेंडर, ट्रांससेक्सुअल व ट्रांसवेस्टाइट जैसे शब्द उन सभी लोगों के लिए प्रयुक्त होते हैं जिनकी लैंगिक पहचान या लैंगिक भाव, उस सेक्स से अलग है, जो उन्हें जन्म के साथ मिला। इनमें ये शामिल हो सकते हैं परंतु इन्हें सीमित नहीं किया जा सकताः ट्रांससेक्सुअल, क्रॉसड्रेसर या अलग लिंग वाले व्यक्ति। यह ज़रूरी नहीं कि ट्रांसजेंडर यानी विपरीतलिंगी औरत से मर्द या मर्द से औरत के तौर पर पहचाने जा सकते हैं और यह भी उन पर निर्भर करता है कि वे अपने शरीरों में हारमोन या सर्जरी के माध्यम से बदलाव लाना चाहते हैं या नहीं।

इंटरसेक्स (इसे पहले हर्मेफ्रोडाइट भी कहते थे।) ऐसे व्यक्तियों में भौतिक सेक्स लक्षण पूरी तरह से विकसित नहीं होते। इनके शरीर पर ऐसे जननांग

भी हो सकते हैं जिन्हें आसानी से पुरुष या स्त्री की श्रेणी में नहीं डाला जा सकता। यह भी हो सकता है आंतरिक प्रजनन अंगों का विकास पूरा न हुआ हो। ऐसे कुछ लक्षण जन्म से ही पहचान में आ जाते हैं। कुछ किशोरवय आने तक प्रकट नहीं होते। अक्सर इनकी दशाओं के लिए 'डिसऑर्डर ऑफ़ सेक्सुअल डेवलपमेंट' शब्द का प्रयोग किया जाता है (डीएसडी)।

एलजीबीटीआईक्यू में 'क्यू' शब्द, क्वीर या क्वेश्चनिंग के लिए आता है।

जो भी लैंगिकता, विषम लिंग कामुकता यानी हेटरोसेक्शुवेलिटी से बाहर हो, उसके लिए राजनीतिक तौर पर '**क्वीर**' शब्द का प्रयोग में लाया जाता जिसे हम इस पुस्तक में 'किन्नर' कहेंगे। प्रायः जो लोग स्वयं को 'गे या लेस्बियन' जैसे संबोधनों से बचाना चाहते हैं, वे ही इस संबोधन को अपने लिए चुन लेते हैं। अक्सर यह शब्द उन लोगों के लिए भी प्रयोग में लाया जाता है, जो सामान्य चलन को नहीं मानते इसलिए यह ज़रूरी नहीं कि इसे लैंगिक वरीयता या लैंगिक पहचान से जोड़ा जाए।

भारतीय भाषाओं (संस्कृत, प्राकृत, पालि, तमिल व हिंदी) में तीसरे लिंग (शरीर व शारीरिक लक्षणों के लिए) को 'नपुंसक', 'क्लीव', 'पंडक', 'पेड़ी', 'किन्नर' या 'कोती' जैसे नामों से पुकारा जाता रहा और किन्नरों के नज़रिए से इनमें लैंगिकताओं (भावनाओं और साइकोसेक्सुअल लक्षण) को भी शामिल किया जा सकता है।

क्वेश्चनिंग उस अवस्था को कहते हैं जिसमें आप अपनी सच्ची लैंगिक पहचान के बारे में सुनिश्चित न हों और यह देखना चाहते हों कि वह क्या हो सकती है। यह लैंगिक भाव या प्रयोगशीलता की ओर संकेत नहीं करती।

एसओजीआई का अर्थ है, सेक्सुअल ओरियेंटेशन एंड जेंडर आईडेंटिटि। अगर आप इसके बारे में और अधिक जानकारी चाहें तो देखें: 'जेंडरब्रेड पर्सन' http://itspronouncedmetrosexual. com/2012/03/the-genderbread-person-v2-0/.

एसएसओजीआईई एक परिभाषा है जो ग्लोबल इंटरफ़ेथ नेटवर्क (जीआईएन) द्वारा हर लिंग, लैंगिक रुझान, लैंगिक पहचान या भाव रखने वाले लोगों के लिए प्रयुक्त होती है।

प्रस्तावना

यह बात अनेक व्यक्तियों को सुनने में विचित्र लग सकती है कि चर्च ऑफ़ स्वीडन ऐसी पुस्तक तैयार करने के लिए आगे आई, जो कर्म पर आधारित विश्वास व धर्मों पर थी। हालांकि इस पुस्तक का भी अपना एक इतिहास रहा। जहाँ बहुत से लोग तेज़ी से बढ़ रहे धर्मनिरपेक्ष जगत की बात करते हैं, वहीं इसके ठीक विपरीत यह पुस्तक संसार के उन अधिकतर लोगों की जीती–जागती हकीकत के तौर पर सामन है जिनके लिए धर्म रोज़मर्रा के जीवन के प्रतिक्षण का एक अंग है; दिन में कई बार और अलग–अलग समयों पर प्रार्थनाएँ की जाती हैं; भोजन देने वाले ईश्वर को भोग चढ़ाने के बाद ही उसका दिया प्रसाद ग्रहण किया जाता है। 'वैश्विक उत्तर' में अधिकतर लोग, शेष संसार के लोगों के जीवन, धर्मों व हकीकतों से अनजान हैं। यह माना जाता है कि इब्राहीमी धर्म विशेष तौर पर समलैंगिकता और आम तौर पर लैंगिक विविधता को नकारते हैं, उसके साथ ही यह निष्कर्ष भी निकाल लिया गया है सभी धर्मों में भी ऐसा ही होता होगा।

फ़रवरी 2015 में, चर्च ऑफ़ स्वीडन के अंतर्राष्ट्रीय विभाग ने उपस्सला फ़ेस्टीवल ऑफ़ थियोलॉजी में 'ह्यूमन डिग्निटी व ह्यूमन सेक्सुएलिटी स्ट्रीम को अपना सहयोग प्रदान किया। इस इब्राहीमी इंटरफ़ेथ संवाद के साथ ही, 'बीहोल्ड, आई मेक ऑल थिंग्स न्यू' नामक पुस्तक का प्रकाशन संभव हुआ। इसने देखा कि तीन इब्राहीमी धर्मों में, लैंगिक विविधता के मसलों को किस रूप में लिया जाता है। इस विषय में किए गए अध्ययन से स्पष्ट था कि इन तीनों के पवित्र ग्रंथ इस विषय में स्पष्ट

तौर पर कुछ नहीं कहते। ऐतिहासिक संदर्भ, भाषा संबंधी व्याख्यान तथा पाठ्य संबंधी विश्लेषणों से विभिन्न प्रकार के नज़रिए सामने आए।

यही वजह थी कि इस सिलसिले में विश्व के दूसरे धर्मों को शामिल करने की आवश्यकता भी महसूस की गई ताकि मानवीय गरिमा और लैंगिकता के मसले पर और अधिक विचार हो सके। कार्मिक धर्मों में बहुत सी बातें सामान्य तौर पर पाई जाती हैं। जब आप इस पुस्तक को पढ़ेंगे, आपको कई समानताओं के साथ–साथ महत्त्वपूर्ण अंतर भी दिखाई देंगे। इसके अतिरिक्त, आप देखेंगे कि समानता का बुनियादी नियम, कार्मिक धर्मों का लक्षण नहीं है; इनमें विविधता को सराहा जाता है।

हालांकि यह पूरी तरह से स्पष्ट है कि औपनिवेशवाद तथा वैश्वीकरण के कारण, कार्मिक विश्वासों पर इब्राहीमी धर्मों का प्रभाव पड़ा है, परंतु इनके अंतर पूरी तरह से परिभाषित किए जा सकते हैं। यह साफ़ तौर पर देख सकते हैं; भारत, थाईलैंड, कंबोडिया, म्यांमार आदि देशों में कार्मिक संदर्भों में समलैंगिकता के प्रति भय या नापसंदगी (होमोफ़ोबिया) का अधिक प्रभाव है, जिसे कार्मिक धर्मों के दृष्टिकोण से सहयोग नहीं दिया जा सकता। इसी वजह से हमें नए साधन मिलते हैं कि हम अपने व्यक्तिगत तथा धर्म पर आधारित समुदायों के पवित्र ग्रंथों के पठन को फिर से देखें।

यह पुस्तक विद्वानों तथा कार्मिक विश्वासों के अभ्यासकर्ताओं द्वारा लिखी गई है ताकि पाठक को, विविध कर्म पर आधारित धर्मों में लैंगिकता व लिंग को ऐतिहासिक व समकालीन नज़रिए से देखने में मार्गदर्शन कर सके। 'बीहोल्ड, आई मेक ऑल थिंग्स न्यू' नामक पुस्तक की तरह, इस पुस्तक में वर्णित सभी विचार लेखकों के हैं और अनिवार्य तौर पर चर्च ऑफ़ स्वीडन, द चर्च ऑफ़ स्वीडन इंटरनेशनल डिपार्टमेंट या जीआईएन–एसएसओजीआईई के विचारों को प्रकट नहीं करते।

हम उन सभी लोगों को अपना धन्यवाद देते हैं जिन्होंने पुस्तक के शोध, लेखन व प्रकाशन में अपना योगदान दिया। हमें आपके लिए इस

पुस्तक को प्रस्तुत करने में बहुत प्रसन्नता हो रही है। हम यह आशा करते हैं कि जिस तरह यह पुस्तक, विश्वास और धर्मों के बारे में हमारी समझ का विस्तार करने में सफल रही, यह एक पाठक के तौर पर आपको भी प्रेरित करते हुए, चुनौती देने में सफल रहे। अपने संसार में, हम सभी परस्पर ऋणी हैं कि हम उन मान्यताओं को और भी गहराई से समझें, जो हमें प्रेरित करने के साथ–साथ हमारा मार्गदर्शन भी करती हैं।

एरिक लाइसन
डायरेक्टर फ़ॉर चर्च ऑफ़ स्वीडन इंटरनेशनल अफ़ेयर्स
सितंबर 2017

एक हिंदू नेता की ओर से

मुझे इस पुस्तक का अभिवादन करते हुए हार्दिक प्रसन्नता हो रही है। संभवतः पहली बार ऐसी पुस्तक सामने आ रही है, जो मनुष्य की लैंगिकता से जुड़े विषयों पर अंतर–धार्मिक साझेदारी से उपजी है। यह अपने–आप में एक बड़ी बात है और आने वाले कल के लिए एक उम्मीद है।

यह पुस्तक पाठकों को यौन और लैंगिकता से जुड़े विषयों को आध्यात्मिक तौर पर ग्रहण करने में सहायक है। यह एक नया तरीका होगा जिसके माध्यम से पाठक अपनी आध्यात्मिकता के प्रति निष्ठा का प्रदर्शन कर सकते हैं।

मैं चर्च ऑफ़ स्वीडन और भारत में नेशनल काउंसिल ऑफ़ चर्चेस को इस विशेष और तात्विक दस्तावेज़ को तैयार करने के लिए बधाई देता हूँ। आज वे पूरे देश तथा संसार में अहम मसलों पर सुने और पढ़े जा रहे हैं। इस पुस्तक के विषय आपको बता देंगे कि ऐसा क्यों है।

मैं इस अभियान के महत्त्व की प्रशंसा करता हूँ जो इन लेखकों को एक साथ लाया, जो कि न केवल धर्मशास्त्री और विद्वान हैं, बल्कि विविध धार्मिक परंपराओं के विश्वासों को मानने वाले भी हैं। वे सच्ची आध्यात्मिकता की गतिशीलता के समर्थन में हैं, जो जीवन, मर्यादा व सम्मान की पुष्टि करते हुए, ऐसे समय में समावेश की संस्कृति का प्रचार करती है, जब बढ़ते हुए भेदभाव और घृणा के दौर में, धर्म का अभ्यास, पलायनवादी माना जाने लगा है। लेखकों ने एक ऐसे आध्यात्मिक आंदोलन का आरंभ किया है जो धार्मिक गढ़ों और उपासना स्थलों में बंदी होने को तैयार नहीं है। उनकी आध्यात्मिकता में सामाजिक न्याय व

मानवीय गरिमा के लिए प्रतिबद्धता समाई है। वे जीवन की शुचिता को विविध रूपों में बचाए रखना चाहते हैं।

लेखक इस पुस्तक के माध्यम से, हमारे साथ जिस अंर्तदृष्टि को बाँटना चाहते हैं, वह वास्तव में अनमोल है और ये शब्द बार–बार पढ़े जाने योग्य हैं।

धर्म हमें प्रेम करना सिखाता है। हमें प्रेम करने की कला सीखनी होगी, ऐसा न हो कि हम आपस में घृणा करते रहें और इसे धर्म का नाम दे दें। आध्यात्मिकता, जीवन की तरह ही सरल है। हमें भेदभाव और घृणा के अभियानों से संघर्ष करते हुए विवेक से काम लेना चाहिए। उसी आध्यात्मिक कुशाग्रता ने इस पुस्तक को जन्म दिया। और मुझे इसे अपना हार्दिक समर्थन देते हुए प्रसन्नता का अनुभव हो रहा है।

संसार में चारों और प्रेम और करुणा की संस्कृति विकसित हो और प्रत्येक व्यक्ति के दिल और दिमाग पर राज करे।

स्वामी अग्निवेश
प्रेज़ीडेंट
वर्ल्ड कौंसिल ऑफ़ आर्य समाज
सितंबर 2017

एक बौद्ध नेता की ओर से

मनुष्य होने के नाते, हमारे पास यह अनूठी योग्यता पाई जाती है कि हम अपने ही चुनावों के बल पर अपने चरित्र को गढ़ सकते हैं। हमारे कर्मों के भार का कुल दायित्व हमारे ही कंधों पर है, और उनसे मोक्ष पाने की संभावना भी हमारे पास ही है। किसी समलैंगिक पुरुष अथवा किन्नर के रूप में जन्म लेना, केवल उस कहानी का आरंभ भर है, जिसे आपको अपने कर्मों के बल पर स्वयं लिखना होगा।

हमें स्वयं को मन की चार सूक्ष्म अवस्थाओं को (ब्रह्म–विहार) को विकसित करने के लिए प्रशिक्षित करना होगा ताकि वे सक्रिय हो सकें। किसी भी जाति, मान्यता, लिंग, लैंगिक पहचान या यौन संबंधी वरीयता के बावजूद हमारे लिए ऐसा करना संभव है। कोई भी व्यक्ति अपने लिए मोक्ष प्राप्त कर सकता है। यह हम पर ही निर्भर करता है कि हम स्वयं को मोक्ष पाने के लिए कैसे तैयार करते हैं।

फरा महा बूनचॉय
चेयरपर्सन, एशियन इंटरफ़ेथ नेटवर्क ऑन एड्स (एआईएनए)
डायरेक्टर, चियांग माई बुद्धिस्ट कॉलेज
सितंबर 2017

संपादक की ओर से

मैं प्रारंभ में ही कहना चाहूँगा कि हम भारतीय दर्शन के चिंतकों व प्राचीन ऋषियों के प्रति गहन व सामूहिक तौर पर ऋणी हैं। इस पुस्तक ने अपनी मूल प्रेरणा उन्हीं रंग–बिरंगे रूपकों से ली, जो उन्होंने जटिल दार्शनिक विचारों को प्रस्तुत करने के लिए बुने, वे आज भी भारतीय संस्कृति की कथाओं में चेतन व अचेतन रूप से शामिल हैं।

यह पुस्तक सामान्य पाठक के लिए लिखी गई है और इन्हीं कथाओं पर व्याख्यात्मक दृष्टिकोण प्रस्तुत करती है। हमारे विषय की जानकारी देने वाले संक्षिप्त परिचय के बाद, यह पुस्तक कर्म के सिद्धांत पर आधारित धर्मों – बौद्ध धर्म, जैन धर्म, सिख धर्म व हिंदू धर्म – अथवा मोक्ष, अहिंसा, समानता व विविधता के महत्त्वपूर्ण नियमों पर केंद्रित होती है। ये सभी नियम मिल कर इनके अनुयायियों के जीवन में एक वचन की पुष्टि करते हैं, इन अनुयायियों में वे लोग भी शामिल हैं जिन्हें किन्नर कहा जाता है।

ऐसे बहुत से लोग हैं जिन्होंने वर्षों की कड़ी मेहनत के बाद इस पुस्तक के प्रकाशन को संभव बनाया।

मैं रॉय वाडिया का आभार प्रकट करना चाहूँगा जिन्होंने सबसे पहले, हमारे अभियान के लिए रेवरेंड जे.पी. मोगेथी–हीथ व चर्च ऑफ़ स्वीडन का ध्यान आकर्षित किया। उनके प्रोत्साहन, उदारता व सहयोग के बल पर ही यह पुस्तक सफलतापूर्वक पूरी हो पाई।

मैं डॉ असावरी हरवाड़कर का भी धन्यवाद देना चाहूँगा, जो हमें इस पुस्तक पर काम करने योग्य लोगों से मिलवाने का माध्यम बने और हमें

स्वामी अग्निवेश तथा फरा महा बूनचॉय के समर्थन दिलवाने में सहायक रहे।

वास्तव में, इस पुस्तक लेखन के दौरान, फरा महा बूनचॉय से भेंट मेरे लिए एक उल्लेखनीय घटना रही। मैं फरा का आभार प्रकट करना चाहूँगा कि उन्होंने बौद्ध धर्म पर लिखे गए अध्याय की समीक्षा के लिए समय निकाला। उन्होंने ही मुझे और असावरी को थाईलैंड, चियांग माई के प्रमुख बौद्ध मंदिरों व मठों का दौरा भी करवाया।

डॉ देवदत्त पट्टनायक के प्रति विशेष आभार बनता है, जो माइथोलॉजी व भारतीय संस्कृति में अपनी गहन विद्वता के बल पर, हमारे लिए इस परियोजना में अमूल्य परामर्शदाता, सहयोगकर्ता व मेंटर के तौर पर सामने आए।

इस पुस्तक के संपादन और सार्थक सहयोग का श्रेय उन असंख्य घंटों के समय को दिया जा सकता है जो मैंने देवदत्त जी के साथ वार्तालाप व भारत के 'बड़े विचारों' के अन्वेषण में लगाए।

रेवरेंड लोरेन तुलुकेन और पार्थो सेनगुप्ता उन पहले व्यक्तियों में से रहे जिन्होंने पांडुलिपि के प्रारंभिक प्रारूपों को देखा और अपनी फ़ीडबैक से हमें समृद्ध किया। हार्परकॉलिन्स से सिद्धेश इनामदार इस पुस्तक को परिष्कृत रूप में लाने में सहायक रहे।

मेरी परवरिश एक कैथोलिक परिवार में हुई और बड़े ही खेद से कहना पड़ता है कि मैं कार्मिक धर्मों तथा मनुष्य की लैंगिकता के विषय में उनकी व्याख्याओं पर पुस्तक लिखने के लिए उपयुक्त पात्र नहीं था। यद्यपि मुझे इनके बारे में प्रामाणिक जानकारी मिली परंतु यह किसी भी प्रकार की आलोचना से मुक्त थी। इस पुस्तक के लिए मेरे सह–लेखकों विवेक तेजुजा, सचिन जैन, सुखदीप सिंह व डॉ मीरा बेंदुर का सहयोग अमूल्य है। उनके अपने धर्मों के विषय में उनके व्यक्तिनिष्ठ दृष्टिकोणों व जिए गए अनुभवों ने पुस्तक को नया रूप देते हुए उसके व्याख्यात्मक क्षेत्र का विस्तार किया।

अंततः, यह पुस्तक संसार के सभी लोगों, विशेष तौर पर भारत में उन लोगों को समर्पित है, जो स्वयं को सबसे अलग, किन्नर या मुख्यधारा से कटा हुआ मानते हैं। मैं आशा करता हूँ कि इस पुस्तक के माध्यम से उन्हें अपने अनूठेपन के लिए पुष्टि मिलेगी और उन्हें इस बात का एहसास होगा कि सभी जीवों में दिव्यता का वास है।

जैरी जॉनसन
संपादक
अक्टूबर 2017

प्रमुख सहभागी

जीआईएन

पैंतीस देशों के अड़सठ व्यक्तियों द्वारा, 2012 में इंटरनेशनल लेस्बियन, गे, बाईसेक्सुअल, ट्रांस एंड इंटरसेक्स असोसियेशन (आईएलजीए) सम्मेलन में, द ग्लोबल इंटरफ़ेथ नेटवर्क फ़ॉर पीपल ऑफ़ ऑल सेक्सेस, सेक्सुअल ओरियेंटेशन, जेंडर आईडेंटिटि एंड एक्सप्रेशन (जीआईएन–एसएसओजीआईई) की स्थापना की गई। जनवरी 2014 में, इसे पुनः एक आध्यात्मिक रिट्रीट में: संगठित किया गया और उसी वर्ष मेक्सिको में फिर से आईएलजीए सम्मेलन किया गया।

इस गैर–लाभकारी नेटवर्क को, 2015 में, दक्षिण अफ्रीका में रजिस्टर किया गया। इसका सचिवालय जोहेन्सबर्ग में स्थित है, जहाँ से शेष अफ्रीका व अन्य महाद्वीपों तक आसानी से पहुँच बनाई जा सकती है। अपने पहले वर्ष में, जीआईएन ने तीन सौ से अधिक सदस्यों को आकर्षित किया, जो छह महाद्वीपों तथा आठ धर्म समूहों का प्रतिनिधित्व करते थे, वैश्विक दक्षिण से अधिकांश लोग शामिल हुए।

अधिक जानकारी के लिए कृपया निम्नलिखित पर संपर्क करें:

www.gin-ssogie.org अथवा email info@gin-ssogie.org.

द चर्च ऑफ़ स्वीडन

22 अक्टूबर 2009, द चर्च ऑफ़ स्वीडन के जनरल सायनॉड में 176 वोट इस अनुमति के लिए दिए गए कि उसके पादरी, जेंडर–न्यूटरल सेरेमनी में, सम–लिंगी विवाह करवा सकते थे। इस बात के विपक्ष में

केवल 62 वोट सामने आए। उसी वर्ष इवा ब्रून चुनी गईं और उन्हें चर्च ऑफ़ स्वीडन बिशप ऑफ़ स्टॉकाहोम के पद पर प्रतिष्ठित किया गया। वे दुनिया की पहली लेस्बियन या स्त्री समलैंगिक पादरी थीं। वे स्वीडन में लूथरन सप्रंदाय की पहली पादरी बनीं जो एक रजिस्टर्ड सम–लिंगी साझेदारी में थीं।

हालांकि चर्च पादरियों को यह अनुमति देता है कि वे समान लिंग के जोड़ों का विवाह करवाने से इंकार कर दे, जैसा कि विपरीतलिंगकामी जोड़ों के लिए होता है। सम–लिंगी जोड़ों के लिए केवल यह विशेष प्रावधान बनाया गया है कि हर पादरी की यह ज़िम्मेदारी बनती है कि वे उन्हें विवाह करने में सहयोग प्रदान करें, भले ही अन्य पादरियों का मत जो भी हो। यह स्वीडन का पहला प्रमुख संप्रदाय व धर्म था जिसने सम–लिंगी विवाह को मान्यता प्रदान की।

सम–लिंगी विवाहों के लिए मतदान भी चर्च ऑफ़ स्वीडन को लूथरन वर्ल्ड फ़ेडरेशन में सबसे अलग करता है। सम–लिंगी लोगों के सहजीवन तथा चर्च में एलजीबीटीआई लोगों के स्थान पर, 1972 से विचार–विमर्श और पूछताछ चलती आई है। यह भी उल्लेखनीय है कि चर्च ऑफ़ स्वीडन ने, वर्ष 2006 से ही सम–लिंगी विवाह को आर्शीवाद तथा समलैंगिक स्त्री और पुरुषों को दीक्षा देना आरंभ कर दिया था। संसद द्वारा संचालित राज्य चर्च की तुलना में, यह आम लोगों का चर्च कहलाता है और सारे देश को स्वीकार करता है।

इस प्रकार, सक्रिय चर्च सदस्यों तथा स्वीडन की भौगोलिक सीमाओं से परे, उचित प्रकार से मदद करना ही इसका प्रमुख कार्य रहा है।

द रेवरेंड जे.पी. मोगेथी-हीथ

एक एंग्लिकन पादरी के रूप में, वे चर्च ऑफ़ स्वीडन के अंतर्राष्ट्रीय विभाग में, एचआईवी और थियोलॉजी के लिए नीति परामर्शदाता के तौर पर नियुक्त हैं। वे 1995 से जोहेन्सबर्ग में एक पादरी के रूप में अपनी सेवाएँ

देते आ रहे हैं। उन्होंने 2002 में द इंटरनेशनल नेटवर्क ऑफ़ रेलिजीयस लीडर्स लिविंग विथ ऑर पर्सनली अफ़ेक्टेड बाय एचआईवी एंड एड्स (आईएनईआरईएलए+) की सह–स्थापना की और उसके कार्यकारी निदेशक के तौर पर कार्य किया। जनवरी 2013 में, जब उन्होंने स्वीडन में अपना पद संभाला, तो नेटवर्क आरंभिक आठ लोगों की सदस्यता से बढ़ कर, सभी धर्मों के दस हजार लोगों की सदस्यता तक आ गया था।

सन् 2000 में वे स्वयं एचआईवी पॉजिटिव पाए गए। उनका रोगप्रतिरोधक तंत्र बुरी तरह से दुर्बल हो गया था। उन्होंने एक मेडिकल परीक्षण के लिए अनुमति दी और वही उनके प्राणों की रक्षा का माध्यम बना। आने वाले वर्षों में, वे उन लोगों की मदद करने लगे जिनके पास अपने इलाज के लिए पैसा नहीं था। इसी भावना से एक अंतर्राष्ट्रीय स्तर पर सम्मनित एक्टिविस्ट का उदय हुआ।

उनका कहना है, 'यह बात संसार भर में मान्यता रखती है कि धार्मिक नेताओं के पास एक अनूठी सत्ता होती है जो उनके समुदायों में नैतिक और नीति संबंधी मार्गदर्शन देने में महत्त्वपूर्ण भूमिका निभा सकती है। वास्तव में, उनके सार्वजनिक मत, सारे राष्ट्रों को प्रभावित कर सकते हैं।'

देवदत्त पट्टनायक

देवदत्त, एक हिंदू हैं और उन्होंने इस पुस्तक में, कार्मिक धर्मों पर परिचयात्मक निबंध लिखा है। वे हमारी सारी परियोजना के सलाहकार रहे। वे आधुनिक समय में माइथोलॉजी के प्रसंगों पर लेखन व चित्रांकन करते हैं तथा इसी विषय पर व्याख्यान भी प्रस्तुत करते हैं। वे माइथोलॉजी को लोगों के व्यक्ति–निष्ठ सत्य के रूप में परिभाषित करते हैं जिसे कहानियों, प्रतीकों व अनुष्ठानों के माध्यम से प्रकट किया गया है। उन्होंने तीस से अधिक पुस्तकें व छः सौ से अधिक लेख लिखे हैं, जिनमें से दो पुस्तकें किन्नरों के विषय पर आधारित हैं: 'शिखंडी एंड अदर क्वीर टेल्स दे डोंट टेल यू' (ज़ुबान) और 'द प्रेग्नेंट किंगः ए नॉवल' (पेंग्विन)

एक सार्वजनिक वक्ता, नेतृत्व प्रशिक्षक तथा प्रबंधन विचारक के रूप में, वे सीएनबीसी–टीवी18 तथा एपिक चैनल पर संस्कृति सलाहकार के तौर पर भी प्रसारण देते हैं।

जैरी जॉनसन

जैरी जॉनसन ने शिकागो के रूज़वेल्ट विश्वविद्यालय से, मनोविज्ञान और दर्शन में विस्तृत शैक्षिक कार्य के साथ, कम्यूनिकेशन में स्नातक की उपाधि ग्रहण की है। उन्होंने लैटिन अमेरिका, यूनीवर्सिडाड डि लोस एंडेस, सैंटियागो, चिले में राजनीतिक अर्थशास्त्र का अध्ययन किया और जॉर्ज मेसन यूनीवर्सिटी व यूनीवर्सिटी ऑफ़ हांगकांग से फ़िलॉसफ़ी ऑफ़ पोलीटिकल इकोनॉमी (पीपीई) को पूरा किया।

एक दक्षिण भारतीय कैथोलिक परिवार में जन्मे जैरी, भारत में सार्वजनिक तौर पर, समलैंगिक पुरुष के रूप में रहते हैं, वे एक उदारवादी ढांचे में मानव अधिकारों के हिमायती हैं और भारत तथा विदेशों में समय–समय पर टीवी के समाचारों व विविध मंचो पर अपनी बात रखते रहते हैं। वे एक टेडेक्स वक्ता व अध्यक्ष हैं और उन्होंने राष्ट्रीय साप्ताहिक और दैनिक पत्रिकओं में अनेक अभिमत लिखे हैं।

जैरी इस पुस्तक के संपादक हैं। उन्होंने हिंदू व बौद्ध धर्म का अध्याय लिखने के साथ–साथ, जैन और सिख धर्म पर लिखे गए अध्यायों का संपादन भी किया है।

सुखदीप सिंह

वे भारत की पहली एलजीबीटीआईक्यू अंग्रेज़ी पत्रिका, 'गेलेक्सी' मैगज़ीन के संस्थापक संपादक हैं। उनके लेखन प्रायः अन्य ऑनलाइन पोर्टल जैसे हफ़िंगटन पोस्ट इंडिया, वार्ता, इबैब डॉट कॉम, त्रिकोण मैगज़ीन आदि में प्रकाशित होते रहते हैं। सुखदीप का जन्म और पालन–पोषण एक सिख परिवार में हुआ।

उन्होंने इस पुस्तक में सिख धर्म पर एक अध्याय लिखा है।

सचिन जैन

सचिन गेलैक्सी मैगज़ीन के हिंदी संपादक, एक पैन–इंडियन क्वीर अकमडेशन बुलेटिन बोर्ड गे हाऊसिंग असिस्टेंस रीसोर्स (जीएचएआर) के संस्थापक तथा समलैंगिकों को अपना समर्थन देने वाले एक संगठन, गेबोम्बे के सदस्य हैं। एक सॉफ्टवेयर इंजीनियर के रूप में काम करने के बाद, उन्होंने अपने पारिवारिक व्यवसाय को अपनाया और इंटरनेशनल बिजनेस में एमबीए किया। एक टीच फ़ॉर इंडिया फ़ैलो, सचिन ने दर्शन में एमए किया है, वे जैन अध्ययन में विशेषज्ञता रखते हैं। वे इन दिनों मुंबई के एक इंटरनेशनल स्कूल में स्पेनिश पढ़ाते हैं तथा जैन धर्म के अनुयायी हैं।

उन्होंने इस पुस्तक में जैन धर्म पर एक अध्याय लिखा है।

विवेक तेजुजा

बौद्ध धर्म के अनुयायी तथा साहित्य से स्नातक विवेक ने लगभग चार वर्षों तक किताबों के लिए सामग्री व क्रय–विक्रय तथा प्रकाशन के लिए काम किया है। उनकी अपनी पहली पुस्तक, 'सो नाओ यू नो', समकालीन मुंबई में एक सोलह वर्षीय समलैंगिक की कहानी है, जो दिसंबर 2016 में प्रकाशित हुई।

उन्होंने इस पुस्तक में बौद्ध धर्म पर एक अध्याय लिखा है।

डॉ मीरा बेंदुर

मणिपाल यूनीवर्सिटी में, मणिपाल सेंटर फ़ॉर फ़िलोसफ़ी एंड हयूमेनिटीज़ की संकाय सदस्या, डॉ मीरा, एक वूमन स्टडी सेंटर की संयोजक भी हैं। उन्होंन इंटरडिस्पलीनेरी एरिया फ़ॉर एनवायरमेंटल फ़िलोसफ़ी में यूनीवर्सिटी से डॉक्टरल उपाधि ग्रहण की है जिसे उन्होंने बंगलौर के नेशनल इंस्टीट्यूट ऑफ़ एडवांस्ड स्टडीज़ से पूरा किया। वे अपने कुछ प्रारंभिक वर्ष, हिमालय के ग्राम समुदायों में बिता चुकी हैं, जिसमें उन्होंने पर्यावरण तथा वहनीयता जैसे मसलों पर प्रत्यक्ष तौर पर काम किया।

इस दौरान उन्होंने भारतीय दर्शन व योग पर अपना पारंपरिक अध्ययन भी जारी रखा।

उनके शोध के विषयों में पर्यावरणीय दर्शन व मानविकी, लिंग तथा स्त्रियों की शिक्षा व शरीर अध्ययन आदि शामिल है। उन्होंने पारंपरिक भारतीय दर्शन, धर्म के दर्शन, हिंदू धर्म, माइथोलॉजी व उनकी कथाएँ आदि विषयों पर अध्यापन किया है तथा व्याख्यान दिए हैं। उन्होंने हाल ही में धर्म तथा पारिस्थितिक अभ्यास, धार्मिक साहित्य में नारी व लैंगिकता जैसे शोध किए हैं।

हिंदू धर्म की अनुयायी डॉ मीरा ने इस पुस्तक के हिंदू व बौद्ध धर्म पर लिखे गए लेखों के लिए अपना सहयोग दिया है।

१

कार्मिक धर्मों का परिचय

देवदत्त पट्टनायक

- कार्मिक धर्म क्या हैं?
- कार्मिक धर्मों के प्रमुख लक्षण क्या हैं?
- हम व्यक्तिगत कार्मिक धर्मों में अंतर कैसे कर सकते हैं?
- कार्मिक धर्मों का इतिहास क्या है?
- कार्मिक धर्म प्रकृति को किस रूप में देखते हैं?
- कार्मिक धर्म संस्कृति को किस रूप में देखते हैं?
- भारत की जातियों पर एक टिप्पणी
- भारत की जनजातियों पर एक टिप्पणी
- कार्मिक धर्म ग्रंथों को किस रूप में देखते हैं?
- कार्मिक धर्म किन्नरों को किस रूप में देखते हैं?
- कार्मिक धर्म किस प्रकार किन्नरों के प्रति प्रतिकूल रहते आए हैं?
- किन्नरों की मर्यादा पुष्टि के लिए कार्मिक धर्मों का प्रयोग कैसे कर सकते हैं?

कालचक्रः पुनर्जन्मों का चक्र जो कि बौद्ध, जैन, हिंदू व सिख धर्म में आधारभूत तात्विक कल्पना है (*स्त्रोतः* विकीमीडिया कॉमन्स)

बीसवीं सदी में धर्म–निरपेक्षता ने यह माँग रखी कि विश्वास (या व्यवस्थित धार्मिक निष्ठा या धर्म) को राजनीति, अर्थशास्त्र व पहचान से दूर रखा जाए। नतीजन यह एक दरार के तौर पर सामने आया जिसने अनेक सामाजिक समस्याओं को जन्म दिया जिनमें किन्नरों के प्रति भय व आशंका – एलजीबीटीआईक्यू लोगों के लिए स्पष्ट व अस्पष्ट कटुता भी शामिल थी।

संसार भर में, ज़्यादा से ज़्यादा लोगों को इस बात का एहसास हो रहा है कि धर्म–निरपेक्ष, लोगों के जीवन में धार्मिक निष्ठा के मूल्य को नकार नहीं सकता। धर्म या विश्वास लोगों को भय का सामना करने में सहायक होता है। धर्म लोगों के जीवन को अर्थ देता है। जब धर्म किन्नर व्यक्तियों की मर्यादा को पुष्टि देता है तो वे मनोवैज्ञानिक रूप से सशक्त होते हैं, जो उन्हें राजनीतिक व आर्थिक तौर पर भी फलने–फूलने में सहायक होता है। अगर इस समावेश और सामंजस्य को बल दिया जा सके तो वे अपने पास–पड़ोस में भी किन्नरों के प्रति फैली आशंका को दूर कर सकते हैं।

इस निबंध में, मैं कर्मों पर आधारित धर्मों का मूल्यांकन करने का प्रयास करूँगा। ये कार्मिक विश्वास हैं। इन्हें बहुत समय से गलत तरह से समझा जाता रहा क्योंकि इन्हें इब्राहीमी धर्मों (यहूदी, ईसाई और इस्लाम धर्म) के चश्मे से देखा जाता रहा, जो धर्मों पर आधारित वैश्विक प्रवचनों में वर्चस्व रखते हैं। कार्मिक धर्मों में किन्नरों के प्रति एक अलग ही नज़रिया रखा जाता है क्योंकि ये ईश्वर के आदेश पर आधारित नहीं हैं।

कार्मिक धर्मों में बौद्ध धर्म, जैन धर्म, सिख धर्म व हिंदू धर्म शामिल हैं। ये पुनर्जन्म के सिद्धांत यानी कर्म पर आधारित हैं। ये इस बात पर यकीन नहीं रखते कि हमारे पास केवल एक ही जीवन है और इसके बाद हमेशा के लिए अनंत मरणोपरांत जीवन होगा या वे इब्राहीमी विचार, दैवीय आदेश, मोक्ष व नरकदण्ड आदि को नहीं मानते।

मूलतः भारतीय उपमहाद्वीप से होने के कारण (अब इसे दक्षिण एशिया कहा जाने लगा है), कार्मिक धर्म, प्रमुखतः बौद्ध धर्म के माध्यम से दक्षिण पूर्व, मध्य व पूर्व एशिया में फैले। आज, पूरी दुनिया की आबादी का बीस प्रतिशत कार्मिक विश्वासों को मानता है – इनमें भारत, नेपाल, भूटान, श्रीलंका, पाकिस्तान, म्यांमार, थाईलैंड, कंबोडिया, लाओस, जापान, सिंगापुर, ताइवान व हांगकांग के समुदाय शामिल हैं। इनमें से अनेक समुदाय आर्थिक व राजनीतिक कारणों से, यूरोप व अमेरिका की विकसित अर्थव्यवस्थाओं में चले गए। और इस प्रकार हम कह सकते हैं कि कार्मिक धर्म काफ़ी हद तक वैश्विक धर्म हो गए हैं।

अब कार्मिक विश्वासों को, धार्मिक विश्वास भी कहा जाने लगा, हालांकि इन सभी धर्मों या विश्वासों में, 'धर्म' शब्द के मायने बिल्कुल अलग हैं।

कार्मिक धर्म या विश्वास क्या हैं?

कार्मिक विश्वास, पुनर्जन्म के सिद्धांत पर आधारित हैं: पिछले जन्म के कर्म वर्तमान जीवन को प्रभावित करते हैं और वर्तमान जीवन के कर्मों का प्रभाव आने वाले जन्म पर होगा। इस तरह हर जीव अनूठा, और अपने कर्म भार से बँधा है, जो उसके जीवन की परिस्थितियों को रचते हैं। यही इस संसार की विविधता का कारण है। इसके अनुसार किसी को भी उसके जीवन के हालात के लिए दोषी नहीं ठहराया जा सकता। हम स्वयं अपनी रचना हैं। और हम अब जो चुनाव करेंगे, उनका प्रभाव हमारे आने वाले कल पर होगा।

जहाँ इब्राहीमी धर्म संसार को सीमित रूप में देखते हैं, जिसका आदि और अंत होता है, कार्मिक विश्वास या धर्मों में संसार को बिना किसी

आदि या अंत के माना गया है। इब्राहीमी धर्मों में समानता के सिद्धांत की बात की गई है – ईश्वर की दृष्टि में सभी समान हैं – कार्मिक विचारधारा या धार्मिक निष्ठा में सभी अनूठे हैं क्योंकि उनके कर्मों के भार अलग–अलग हैं। जहाँ इब्राहीमी धर्मों में दान–पुण्य आदि द्वारा सक्रिय तौर पर सामाजिक असमानता को नकारा जाता है, वहीं कार्मिक विश्वासों में सामाजिक असमानता को विशाल कार्मिक भार की प्रक्रिया का हिस्सा माना जाता है, इसके प्रति समानुभूति तो रख सकते हैं परंतु इसे सक्रिय तौर पर वश में नहीं किया जा सकता। जहाँ इब्राहीमी धर्म सामज को बदलना चाहते हैं ताकि इसे ईश्वर की इच्छा के अनुरूप बनाया जा सके, वहीं कार्मिक विश्वासों पर आधारित धर्म समाज को सदा परिवर्तनशील रूप में देखते हैं, जो चक्रीय रूप में उत्थान और पतन से गुज़र रहा है। जहाँ इब्राहीमी धर्म मोक्ष चाहते हैं, कार्मिक विश्वास पुनर्जन्मों के चक्र से मुक्त होना चाहते हैं।

अक्सर कार्मिक विश्वासों के साथ जनजातीय और पूर्वी विश्वासों को जोड़ दिया जाता है। भारत के जनजातीय विश्वासों या धार्मिक निष्ठा को हिंदुत्व से जोड़ कर दिखाया जाता है। ऐसा इसलिए है क्योंकि भारत के पास कोई एकसमान 'सिविल कोड' नहीं है। जनजातीय समुदाय अपनी पहचान ईसाई, मुस्लिम या पारसी धर्मों से नहीं जोड़ते, जिनके अपने निजी कानून हैं। उन्हें हिंदू ही मान लिया जाता है और हिंदुओं के निजी कानूनों के अधीन आ जाते हैं। इसे ही धर्मनिरपेक्ष सक्रियवादियों ने चुनौती दी है। ताओवाद, कंफ्यूशियसी और शिंटों धर्मों को भी अक्सर कार्मिक धर्म मान लिया जाता है और पिछले दो हज़ार वर्षों के दौरान, पूर्वी एशिया में बौद्ध धर्म के प्रभाव की वजह से, 'पूर्वी दर्शनों' का नाम दे दिया जाता है। परंतु इनमें से किसी के भी मूल में पुनर्जन्म का सिद्धांत नहीं है।

कार्मिक धर्मों के प्रमुख लक्षण क्या हैं?

बौद्ध धर्म, जैन धर्म, सिख धर्म और हिंदू धर्म में बहुत सी जड़ें एक समान हैं।

1. इन सबकी मान्यता है कि संसार का कोई आदि या अंत नहीं है। घटनाएँ चक्रीय तौर पर चलती हैं।
2. इन सबकी मान्यता है कि कुछ भी निरंतर नहीं घटता। हर घटना, पिछली घटनाओं का नतीजा है, जिनमें पिछला जीवन भी शामिल है। अतीत की घटनाएँ ही वर्तमान रचती हैं। वर्तमान की घटनाएँ भविष्य रचती हैं। यही कर्म है।
3. इन सबकी मान्यता है मनुष्य धन्य है क्योंकि उनके पास मन की शक्ति है, जिसके बल पर वे संसार को उसी तरह देख सकते हैं, जैसा वह है।
4. संसार मनुष्य के मन में अनेक संवेदनाएँ, भाव और विचारों को जन्म देता है। इनका आनंद उठाया जा सकता है। परंतु हमें छले जाने और मंत्रमुग्ध होने का ख़तरा उठाना होगा (मोह)।
5. अगर आप इस संसार को सही तरह से नहीं समझते, इसके मोह में पड़ते हैं, इसे वश में करने का प्रयत्न करते हैं या स्वयं इसके वश में हो जाते हैं तो आपको अप्रसन्नता का सामना करना होगा।
6. सभी जीव माया के कारण, जन्म और मृत्यु के चक्र में उलझे हैं।
7. यदि मनुष्य संसार को उसके वास्तविक रूप में देखते हुए, उसके मोह में न आए; तो भौतिक संसार और बार–बार जन्म लेने और मरने से मुक्ति मिल सकती है।
8. प्रज्ञावान व्यक्तियों और गुरुओं की शिक्षाएँ और अभ्यास, हमें अप्रसन्नता का सामना करना सिखाते हैं। इनमें अनुष्ठान, प्रार्थना, पूजा, तीर्थयात्रा, सेवा, ध्यान व संयम आदि को शामिल कर सकते हैं।

9. धर्म विचारों और कर्मों का ऐसा मेल है जो मनुष्य को बिना किसी भय के और दूसरों को भयभीत किए बिना, इस कर्म रूपी नदी को पार करने के योग्य बनाता है। इसकी जड़ें धार्मिकता से कहीं अधिक सहानुभूति में समाई हैं।

10. योग उन सभी अभ्यासों का मेल है जो हमें भय में बसे मन की गाँठें खोलना सिखाता है, जो संसार के मोह में आ कर आसक्त हो गया है।

जहाँ इब्राहीमी धर्म समानता पर सबसे ज़्यादा बल देते हैं, ज़्यादातर कार्मिक निष्ठाओं में विविधता को महत्त्व दिया जाता है। उनके अनुसार, ईश्वर की दृष्टि में सभी समान हैं। कार्मिक ग्रंथों में, प्रकृति विविध प्रकार के जीवों से भरी है – पौधे, पशु, मनुष्य और स्वर्गिक जीव – इनमें से प्रत्येक अलग–अलग कार्मिक भार को प्रकट करता है। यह विविधता उनके समान और असमान स्तरों पर बल देती है। जहाँ इब्राहीमी धर्म एक ईश्वर, एक पुस्तक, एक तरह के नियम, एक तरह की जीवनशैली और सभी इंसानों के लिए समानता पर केंद्रित हैं, वहीं कार्मिक धर्म प्रासंगिक हैं, वे अपनी तरलता में विविधता के बीच भी सहज बने रहते हैं।

हो सकता है कि किसी बाहरी अनजान को लगे कि यह असमानता को अनदेखा करता है। भीतर से यह विविधता के साथ पूरी तरह से सहज रहता है। कार्मिक धर्म उदाहरण के माध्यम से यह दिखाना चाहते हैं कि मनुष्य किस प्रकार स्वयं को इस विविध और असमान जगत से मुक्त कर सकता है, जो कर्मों के भार से संचित हुआ है।

हो सकता है कि संसार से मुक्ति पाने की यह धारणा, आधुनिक जगत की मुक्ति के विपरीत जान पड़े, जिसमें मुक्ति का अर्थ है, इस संसार में व्यक्तिगत तौर पर काम करने की स्वतंत्रता। मोक्ष पाने की आकांक्षा भी उस मुक्ति की तलाश से परे है जिसकी हिमायत इब्राहीमी धर्मों में की जाती है। मोक्ष पाने का अर्थ है, कार्मिक भार से मुक्त होना, जिसके लिए

प्रायः किसी गुरु की सहायता ली जाती है। इसके विपरीत, मोक्ष को पाप के संसार से मुक्ति पाने से जोड़ा जाता है, जिसमें ईश्वर के संदेशवाहक या मसीहा की मदद ली जाती है।

हम व्यक्तिगत कार्मिक धर्मों में अंतर कैसे कर सकते हैं?

हालांकि वे सभी पुनर्जन्म, अतः कर्म, में विश्वास रखते हैं, परंतु व्यक्तिगत कार्मिक धर्म आपस में अलग–अलग हैं।

कार्मिक धर्मों में, हिंदू धर्म सबसे कम संस्थागत और सिख धर्म सबसे अधिक संस्थागत है। हिंदू धर्म के पास असंख्य धार्मिक ग्रंथ हैं परंतु इसके बावजूद, यह इब्राहीमी धर्मों की तरह किसी एक ग्रंथ या क़िताब से जुड़ा धर्म नहीं है। इस जगह आ कर अनुभव पाठ्य से अधिक महत्त्वपूर्ण हो जाता है। यही कारण है कि गुरु के मौखिक उपदेश को लिखित शब्दों से अधिक महत्त्व दिया गया है। इसके विपरीत, सिख धर्म का संबंध उनके पवित्र ग्रंथ, 'ग्रंथ साहिब' से है, जिसे आप निर्देशिका नहीं कह सकते क्योंकि इसमें दी गई बानियों पर मनन करने को कहा जाता है। बौद्ध धर्म का संबंध एक नेता से रहा है, जो आज से लगभग ढाई हज़ार वर्ष पूर्व हुए और सिख धर्म का संबंध दस गुरुओं से है, जो पिछले पाँच सौ वर्षों के दौरान हुए। जैन मुनि महावीर, जिन्हें बुद्ध का समकालीन माना जाता है, जैन धर्म के संस्थापक नहीं हैं परंतु इस युग के जैन तीर्थंकरों में से अंतिम तीर्थंकर माने जाते हैं। उससे पूर्व अनंत युग हुए हैं व हर युग के लिए चौबीस तीर्थंकर हुए। सनातन धर्म की धारणा ने बाद में बौद्ध धर्म और सिख धर्म की नींव रखी।

कार्मिक धर्मों में आरंभिक संघर्ष संसार में बसने वाले गृहस्थ तथा संसार का त्याग करने वाले साधु के बीच हैः क्या हमें कार्मिक भार से दबे असमान जगत में रमना चाहिए अथवा हमें इस संसार से स्वयं को

मुक्त कर देना चाहिए? बौद्ध धर्म तथा जैन धर्म में संन्यास तथा सिख धर्म में गृहस्थ जीवन की ओर अधिक झुकाव है। हिंदू धर्म में, इसे बनाने वाले असंख्य समुदायों व पंथों के अपने क्रमसंचय व संयोजन हैं।

बौद्ध धर्म ईश्वर या आत्मा की धारणा में विश्वास नहीं रखता। यह ध्यान को महत्त्व देता है, जिसके अनुसार सभी चीज़ों के अस्थायित्व से छुटकारा पाया जा सकता है, जिसमें वह पहचान भी शामिल है जिसने हमें पुनर्जन्म के चक्र में उलझा रखा है।

जैन धर्म आत्मा में विश्वास रखता है, परंतु ईश्वर में विश्वास नहीं रखता। यह अहिंसा के माध्यम से शुद्धि को महत्त्व देता है, ताकि आत्मा को कर्मों के भार से मुक्त करके, इसे प्रज्ञा की ओर जाने में सहायता की जा सके। यह ईसाईयों वाली 'सोल' या आत्मा के समान नहीं है, जो दूषित हो कर अनुग्रह पाने के योग्य नहीं रहती, कार्मिक धर्मों में आत्मा सदा पवित्र और शुद्ध बनी रहती है, हालांकि अज्ञान अथवा दूषण इसके दृष्टिकोण को बाधित अवश्य कर सकते हैं।

सिख धर्म ईश्वर और आत्मा में विश्वास रखता है, परंतु यह आत्मा को परमात्मा से अलग रूप में देखता है। यह प्रभु की कृपा पाने तथा बार–बार जन्म लेने के चक्र से मुक्ति पाने के लिए सभी सेवा और निष्ठा को माध्यम मान कर महत्त्व देता है। सिख धर्म सक्रिय तौर पर सभी मनुष्यों की समानता में विश्वास रखता है। हिंदू धर्म ईश्वर और आत्मा में विश्वास रखते हुए, उन्हें अनिवार्य तौर पर एक ही रूप में देखता है, अज्ञान के कारण ही उनका वियोग होता है। इस धर्म में ध्यान, शुद्धिकरण, निष्ठा, सेवा तथा अनुष्ठान व पूजन का बहुत महत्त्व है। जहाँ आत्मा सभी मनुष्यों को समान स्तर पर स्थापित करती है, वहीं कार्मिक भार क्षमता और समुदायों (वर्ण व जाति आदि) की विविधता को बनाए रखता है। कह सकते हैं कि हिंदू धर्म में नास्तिक लेखन का भारी संग्रह मिलता है जैसे चार्वाक और मीमांसा आदि।

	बौद्ध धर्म	जैन धर्म	सिख धर्म	हिंदू धर्म
आत्मा	अस्तित्व नहीं होता।	अस्तित्व होता है।	अस्तित्व होता है।	अस्तित्व होता है, आत्मा ईश्वर है।
ईश्वर	अस्तित्व नहीं होता।	अस्तित्व नहीं होता।	ईश्वर निराकार है।	ईश्वर हमारे बाहर–भीतर, साकार व निराकार है।
तीसरे लिंग का अस्तित्व	है	है	कोई जानकारी नहीं	है
आश्रम परंपरा	श्रेष्ठ	श्रेष्ठ	हीन	अन्य उपाय
गृहस्थ जीवन	हीन	हीन	श्रेष्ठ	अन्य उपाय
कर्म	है	है	है	है
धर्म	बौद्ध सिद्धांत	गति का सिद्धांत	धर्म या धार्मिक पथ	जंगल कानून को बदलने वाला संचालन
पुनर्जन्म	है	है	है	है
मोक्ष	ध्यान	संयम	निष्ठा	उपासना
इतिहास	अनंत, प्राचीन, अभिज्ञेय गुरु शाक्यमुनि गौतम बुद्ध, 2500 वर्ष पूर्व	अनंत, प्राचीन, अभिज्ञेय गुरु पार्श्व, 2800 वर्ष पूर्व	अनंत परंतु 500 वर्ष पूर्व व्यवस्थित	अनंत, प्राचीनतम ग्रंथ वेद कम से कम 4000 वर्ष पुराना है।

कार्मिक धर्मों का इतिहास क्या है?

इतिहास की ओर एक छोटी सी यात्रा हमें कार्मिक धर्मों को समझने में सहायक होगी। बात को आसानी से समझाने के लिए टाइमलाइन तैयार की गई है, घटनाक्रम को सरलता से रखते हुए, उन घटनाओं के साथ तुलना की गई है जिन्होंने इब्राहीमी धर्मों को आकार दिया। कृपया ध्यान दें कि दक्षिण एशिया का प्राचीन इतिहास राजनीतिक रंग में रंगा है इसलिए बहुत से लोग ऐसे हैं जो निम्नलिखित तिथियों तथा घटनाओं के क्रम को चुनौती देते हैं।

पाँच हजार वर्ष पूर्व, जब सामी जनजातियाँ मैसोपोटामिया के निकट ही थीं और प्राचीन मिस्र की ओर नहीं आई थीं, दक्षिण एशिया में, सिंध ु तथा सूख चुकी सरस्वती नदी की घाटियों में एक नगरीय सभ्यता फली–फूली। पूरी तरह से सुसंगठित और पक्के मकानों वाले उस नगर में कर्म के सिद्धांत को मान्यता दी जाती थी या नहीं, इस बारे में अभी अनुमान ही लगाया जा सकता है क्योंकि सिंधु घाटी की लिपि अब भी समझी नहीं जा सकी। लगभग चार हज़ार वर्ष पूर्व, जलवायु में आने वाले परिवर्तनों और बदलते हुए कृषि ढांचों के साथ ही इस सभ्यता के नगरों का लोप हो गया। उन्हें आक्रमणकारी आर्य सेनाओं ने नष्ट नहीं किया। यह एक लोकप्रिय कल्पना है जिसे उन्नीसवीं सदी के यूरोपियन ओरियंटलिस्ट ने गढ़ा, जो नाज़ी विचारधारा के समर्थक थे।

तीन हज़ार वर्ष पूर्व, जब धीरे–धीरे, सामी कबीलों ने मिस्र से विदा लेने के बाद, इज़रायल की स्थापना की, तब ब्राह्मण, गंगा नदी घाटियों में संस्कृत भाषा में वैदिक मंत्रों का उच्चारण और मंत्रोच्चार करते हुए यज्ञ रचा रहे थे। इस भाषा का आरंभिक रूप (प्रोटो–इंडो–यूरोपियन), कई सदियों पहले, यूरेशिया से भारत आया। यह उन लोगों की देन था जो अश्व पालन करते थे। ऐसा ही प्रवास, पश्चिम में यूरोप की ओर हुआ, जो यह दर्शाता है कि भारतीय और यूरोपियन भाषाओं में इतनी समानता क्यों

दिखाई देती है। वैदिक मंत्रों में हमें पहली बार 'कर्म' शब्द का परिचय मिलता है। आरंभिक पाठ्यों (ब्राह्मण) में, कर्म को एक अनुष्ठानिक कर्म माना गया है। बाद में आने वाले पाठ्यों (उपनिषद्) में इसे क्रिया और प्रतिक्रिया दोनों माना गया।

लगभग 2500 वर्ष पूर्व, जो सदियाँ बेबीलोन के वनवास तथा दूसरे यहूदी मंदिर निर्माण की साक्षी रहीं; उनमें से भारत में बौद्ध तथा जैन धर्म के रूप में, आश्रम संबंधी व्यवस्था ने जन्म लिया। उन्होंने लालसा को कष्ट तथा कार्मिक भार के कारण के रूप में देखा, योग की रीतियों को त्यागा और संसार का त्याग करने वाली जीवनशैली का प्रचार किया। उन्होंने निर्वाण, कैवल्य और मोक्ष जैसे शब्दों के साथ दुख, अज्ञान और सांसारिक जीवन से मुक्ति की बात की। बौद्ध भिक्षुओं ने संपूर्ण दक्षिण एशिया से ले कर मध्य एशिया का, दक्षिण पूर्व एशिया और पूर्व एशिया का दौरा किया और अपने वैराग्य संबंधी विचारों और कर्मों को अपने साथ ले गए।

इस वैराग्य संबंधी आदर्श का सामना करने के लिए, लगभग दो हज़ार वर्ष पूर्व नए तरह के हिंदुत्व का उदय हुआ जिसे संस्कृत ग्रंथों में 'पुराणों' का नाम दिया गया। इस अवधि ने जाति प्रथा (जेनेटिक अध्ययन से प्रमाणित) नामक सामाजिक व्यवस्था को जन्म दिया जिसके अनुसार एक ही पेशे से जुड़े लोगों ने आपस में समाज बना लिए। वे दूसरे लोगों के साथ रोटी और बेटी का संबंध नहीं रखते थे। धीरे–धीरे ऐसे समुदाय सीमित होते गए और पूरी तरह से पृथक ईकाईयों में बदल गए। एक ऐसे पदक्रम ने जन्म लिया जो पिरामिड के ऊपरी हिस्से पर बैठे ब्राह्मणों के लिए न केवल राजनीतिक और आर्थिक वास्तविकता बल्कि 'शुद्धता' की धारणा पर भी आधारित था। जब दक्षिण एशिया में ऐसा हो रहा था तो पश्चिमी एशिया में ईसाई धर्म ने जन्म लिया और मैडेटेरेनियन प्रांत तक फैला, इसने बुतपरस्त और लगातार जर्जर हो रहे रोमन साम्राज्य को होली रोमन एंपायर में बदल दिया।

जब रोमन साम्राज्य वाईकिंग और दूसरे बर्बर कबीलों के हमलों से आक्रांत था, तो भारत से व्यापारिक जहाज़ों के माध्यम से, दक्षिण पूर्व एशिया में बौद्ध धर्म का प्रचार हुआ जिनमें म्यांमार, कंबोडिया, थाईलैंड, इंडोनेशिया और मलेशिया शामिल थे। यह धर्म सिल्क रूट तथा मध्य एशिया, तिब्बत, चीन और जापान की ओर जाने वाले अन्य व्यापारिक मार्गों के माध्यम से भी फैला। यह जापान के शिंटो धर्म, चीन के कंफ्यूशियसवाद और ताओवाद, तिब्बत के बॉन धर्म तथा दक्षिण पूर्व एशिया के स्थानीय विश्वासों में घुल–मिल गया। बौद्ध धर्म के साथ ही अनेक हिंदू देवी–देवता भी इन क्षेत्रों जा पहुँचे। यह याद रखना चाहिए कि उन दिनों बौद्ध और हिंदू धर्म के बीच कड़ा विभाजन नहीं था और वे एक जैसे कार्मिक धर्मों के सातत्य के तौर पर देखे जाते थे। चीन और श्रीलंका के बौद्ध भिक्षु बोध गया, बौद्ध मठों और विश्वविद्यालयों के दर्शन करने भारत आया करते परंतु इस्लाम के आगमन के बाद यह बंद हो गया।

1400 वर्ष पूर्व इस्लाम का उदय हुआ और दक्षिण के व्यापारिक जहाज़ों व उत्तर की आक्रमणकारी सेनाओं के साथ इसका प्रभाव भारत पहुँचा। इसके आगमन के साथ ही, हिंदू धर्म ने अपनी आश्रम संबंधी व्यवस्था का उदय देखा, जो दिव्यता की प्रकृति पर लिखे भाष्यों, जैसे वेदांत आदि के लेखन के साथ आरंभ हुआ और नैतिकतावादी ब्राह्मणवाद तथा इंद्रिय संबंधी मंदिर परंपराओं के मध्य विभाजन बढ़ने लगा। उन्होंने वेदों में मिलने वाले अनेक विचारों में से एक, नाना रूपों की विविधता को रेखांकित करते हुए, निरंतर एक ईश्वर और एक सत्य के बारे में लिखा। ईश्वर को सगुण और निर्गुण रूप में देखा गया। मीरा और कबीर जैसे संत कवियों ने व्यक्तिगत ईश्वर की भक्ति के गीत गाए, जिसके प्रति श्रद्धा रखने से कर्मों के भार को घटाया जा सकता था। यह भक्ति आंदोलन था। यह सूफ़ी आंदोलन का समानांतर था जो मध्य पूर्व से भारत तक फैला। सोच में आने वाले इस बदलाव के बीच, पाँच सौ वर्ष

पूर्व हिंदू तथा इस्लाम धर्म के बीच सिख धर्म का उदय हुआ। इस्लाम धर्म की तरह सिखों के पास भी एक पवित्र ग्रंथ है और वे एक निराकार ईश्वर की बात करते हैं, जिसके आगे सभी समान हैं।

जो युग धर्मयुद्ध, रिनेसाँ और यूरोप में सुधार का साक्षी रहा, उस दौरान श्रीलंका और हिमालयी प्रांतों को छोड़ कर, अधिकतर दक्षिण एशिया से बौद्ध धर्म विलुप्त हो गया। हिंदुओं के वैराग्य संबंधी व्यवस्था प्रधान हो गई जो स्त्रैण और इंद्रिय विषयक सभी चीज़ों को दूषित मानती थी। स्त्रैण रूप को संसार रूपी नदी से जोड़ा जाता था और पुरुष रूप को संस्कृति और आश्रम संबंधी व्यवस्था (धर्म) से जोड़ा गया। किन्नर रूपों (नपुंसक, क्लीव, पंडक, आदि) को निम्न जीवों की तरह देखा गया जो किसी तरह से जीवन को जन्म नहीं देते थे। उनका अस्तित्व केवल आनंद देने वाली वस्तु के रूप में था, जो दूसरे जीवों को लुभाते थे। इससे भी बदतर रूप में, उन्हें बारहमास आंनद देने वाले जीवों के तौर पर जाना जाता था। स्त्रैण, किन्नर तथा कामोत्तेजक व इंद्रिय विषयक की अस्वीकृति को शांत करने के लिए भक्ति और तंत्र परंपराओं में इंद्रिय विषयक तथा भाषाओं का प्रयोग किया गया परंतु इन सभी बातों को एक भारी धक्का लगा, जब यूरोपियन अपने विक्टोरियन मूल्यों की नगरीय शक्ति और पौरुषहीनता के प्रति अरुचि के साथ आ खड़े हुए।'

पाँच सौ वर्ष पूर्व, यूरोपियन लोग समुद्र के रास्ते, तैयार माल के व्यापारी बन कर, दक्षिण एशिया में दाख़िल हुए। कुछ सदियों पहले, यूरोप में हुई औद्योगिक क्रांति के साथ, वे औपनिवेशिक शक्ति के तौर पर उभरे जिन्होंने भारत को कच्चे माल के स्त्रोत के तौर पर जाना। उपनिवेशवाद ने ग्रामीण अर्थव्यवस्था को नष्ट कर दिया और राजनीतिक और आर्थिक परिदृश्य में भी भारी परिवर्तन आया। यूरोपियन इंडोलॉजिस्ट ने कार्मिक विश्वासों का अध्ययन करते हुए, उन्हें व्यवस्थित किया और भारतीय बड़ी

तेज़ी से बचाव के लिए आगे आए, वे इब्राहीमी दशाओं के अनुसार हिंदू धर्म में बदलाव लाना चाहते थे। विश्व युद्धों के साथ ही उपनिवेशवाद का अंत हुआ और भारत एक धर्मनिरपेक्ष देश के तौर पर सामने आया। इसने धर्म को राजनीति और अर्थव्यवस्था से दूर रखने का भरसक प्रयास किया परंतु भारतीयों को एक आम सिविल कोड नहीं दे सका। नए धर्मनिरपेक्ष संविधान ने ब्रिटिश साम्राज्य के सोडोमी कानूनों (भारतीय दंड संहिता की धारा 377) के अधीन किन्नरों के अप्राकृतिक स्तर को स्वीकारा।

पिछले कुछ वर्षों में, भारतीय दंड संहिता की धारा 377 को दिल्ली हाई कोर्ट ने पलटा परंतु भारत के सुप्रीम कोर्ट ने उसे फिर से बहाल कर दिया और इस फ़ैसले पर फिर से विचार होना बाकी है। इसके साथ ही, सुप्रीम कोर्ट ने यह एलान भी किया है कि ट्रांसजेंडर या विपरीतलिंगी थर्ड जेंडर हैं और उन्हें पूरे अधिकार दिए जाने चाहिए। चरम दक्षिण पंथी हिंदू आंदोलन बढ़ रहे हैं। और पूरे संसार के चरम धार्मिक आंदोलनों की तरह, उनका मानना है कि उनके धार्मिक सिद्धांतों के लिए, समलिंगियों के प्रति अरुचि व पितृसत्ता ही उचित नैतिक अनुमान हैं। जिस हिंदू धर्म में, मंदिर देवी और देवताओं के विवाह संस्कार करवाते आए हैं, उन पर इन दिनों स्व–नियुक्त नेताओं का वर्चस्व बढ़ता जा रहा है, जो प्रायः पुरुष हैं और ब्रह्मचर्य का महिमामंडन करते हैं। पश्चिम में, मीडिया ने हिंदू धर्म के प्रचार के लिए अलग ही रवैया अपनाया है। एक ओर वह इसे योग और नग्न साधुओं से जोड़ा हुआ दिखता है और दूसरी ओर जाति व अन्य मसलों पर हिंसा के साथ जोड़ा हुआ दिखाया जाता है, इस प्रकार इस पर हिंदूफ़ोबिया का आरोप लगता रहता है।

कार्मिक धर्मों में प्रकृति को कैसे देखा जाता है?

बाइबिल परंपराओं में, 'बुक ऑफ़ जेनिसिस' इसी विचार के साथ आरंभ होती है कि ईश्वर ने शून्य से संसार की रचना की। इस बारे में असंख्य व्याख्याएँ हैं परंतु इनके बावजूद, कोई एक सर्जक है जिसने सृष्टि को रचा। मनुष्य को ईश्वर की छवि में रचा गया और उसे बाकी सृष्टि का अधिकार दिया गया।

इसके विपरीत कार्मिक धर्मों और विश्वासों का मानना है कि संसार का अस्तित्व सदा से था। इसका कोई आदि या अंत नहीं है। कर्म ही संसार के रूपांतरण के लिए उत्तरदायी है। मनुष्य का जीवन अनेक जीवनकालों में से एक है और अनेक रूपांतरणों में से एक माना जा सकता है।

'भवसागर' ही कार्मिक विश्वास और धर्मों की बुनियाद है। जैन धर्म में इसे स्पष्ट तौर पर कहा गया है, जहा माना गया है कि संसार में छह अनिवार्य तत्व हैंः द्रव्य, आकाश, काल, पुद्गल, जीव, धर्म और अधर्म। इस जगह आत्मा शब्द उसके लिए प्रयुक्त हुआ है जो किसी निर्जीव को सजीव बनाती है। यह भी ध्यान दें कि धर्म को गति का प्राकृतिक नियम कहा गया है। यहाँ ईश्वर, सर्जक या सृष्टि की कोई अवधारणा नहीं है।

बुद्ध, बुद्ध धर्म की स्थापना करने वाले प्रज्ञावान गुरु भी सर्जक या सृष्टि जैसी अवधारणाओं की परवाह नहीं करते और कष्टों के मूल कारण पर केंद्रित रहते हैं। उन्होंने इच्छाओं को कष्टों व असंतोष के कारण के तौर पर पहचाना। जिनकी वजह से मनुष्य आजीवन इस संसार में उलझ कर रह जाता है। इच्छाओं के कारण हम अपनी पसंद और नापसंद बनाने लगते हैं। इच्छाओं के कारण हम अपनी एक पहचान बनाते हैं और इस तरह 'अन्य' की अवधारणा जन्म लेती है। इच्छाएँ ही हमें पहचान बनाने, वर्गीकृत करने, तुलना करने, परखने, कुछ पाने, स्वामित्व रखने और संघर्ष करने को उकसाती हैं। बुद्ध ने निर्वाण पाने के बारे में कहा हैः हमें ध्यान

के माध्यम से पहचान की उस ज्वाला को बुझा देना है, तभी हम अपनी इच्छाओं को जान कर, उनके द्वारा तय की गई श्रेणियों से ऊपर उठ सकेंगे।

बौद्ध धर्म इस बात में विश्वास नहीं करता कि इस संसार में कुछ भी स्थायी था। परंतु जैनियों का मानना है कि सभी द्रव्य स्थायी हैं। जीव के लिए जीवन का उद्देश्य यही है कि वह स्वयं को सारे प्रदूषकों से मुक्त करते हुए, संसार के सत्य को जाने। जीव सिद्ध लोक में रहते हैं। ये वही तीर्थंकर या भवसागर से पार लगाने वाले गुरु हैं जो भवसागर में नहीं बहते।

कार्मिक ग्रंथों ने इस बात को मान्यता दी है कि यह संसार सजीव तथा निर्जीव वस्तुओं के मेल से बना है। भूख ही उन्हें एक दूसरे से अलग करती है। पौधे निर्जीव वस्तुओं का भोजन करते हैं। पशु सजीवों का भोजन करते हैं। इस तरह यह संसार दो तरह के जीवों से बना है; जो खाते हैं और जिन्हें खाया जाता है। इस पोषण में हिंसा छिपी है। यह सजीवों के अस्तित्व के लिए ख़तरा बनती है और इसी वजह से वे प्रजनन करते हैं। जीवित रहने की इच्छा से ही भोजन की इच्छा पैदा होती है जिससे हिंसा पैदा होती है और नतीजन यौन क्रिया जन्म लेती है। हिंसा और सेक्स का जीवित रहने की प्रवृत्ति से गहरा नाता है। सेक्स और हिंसा से ही कर्म पैदा होते हैं जो हमें इस प्राकृतिक जगत से बाँधते हैं। प्रकृति में हम भोजन शृंखला मिलती है, किसी इलाके पर कब्ज़ा करने और अपना वर्चस्व कायम करने की प्रवृत्ति दिखती है ताकि भोजन की आपूर्ति को सुनिश्चित किया जा सके। यही 'मत्स्य न्याय' है यानी प्राकृतिक तरीका, जिसमें बलशाली दुर्बल को अपना भोजन बना लेता है।

मनुष्य ही एकमात्र ऐसा जीव है जिसके पास मन है जिसके बल पर वह मत्स्य न्याय या जंगल के कानून को नकार सकता है। दरअसल मानवता का अनिवार्य सच तो यही है कि वह प्राकृतिक शृंखला को

पलट दे: मृत्यु का भय, जीवन की भूख, भोजन की भूख, हिंसा, सेक्स, किसी क्षेत्र विशेष को अपने अधीन करके उसे अपने स्वामित्व में लेना आदि।। बौद्ध ध्यान व जैन संयम व तप के बल पर इन्हीं प्राकृतिक प्रक्रियाओं को नए सिरे से दोहराने का प्रयत्न किया जाता है। यही श्रमण अथवा निवृत्ति मार्ग कहलाता है। जिसके लिए अपने भीतर की ओर ताकना होगा।

कर्म का जगत, सांसारिक है और इस लौकिक संसार में लिंग हैं। कार्मिक विश्वासों या धर्मों में तीन प्रकार के लिंगों की चर्चा होती है: नर, मादा व किन्नर। किन्नर के लिए अनेक शब्द प्रचलित हैं: संस्कृत में नंपुसक व क्लीव, बौद्ध पाली साहित्य में पंडक, तमिल संगम साहित्य में पेड़ी और समकालीन समय में हिजड़ा व कोती जैसे शब्दों का चलन है। इस तीसरे लिंग को कई तरह से अनूदित किया गया है: उभयलिंगी से ले कर नपुंसक, नामर्द, स्त्रैण, विपरीतलिंगी या समलिंगी। वर्तमान में, हम इन सबके लिए 'किन्नर' शब्द का प्रयोग करते हैं।

आयुर्वेद में भी किन्नरों के अस्तित्व का परिचय मिलता है, यह भारतीय उपमहाद्वीप की प्राचीन चिकित्सा पद्धति है जिसमें किन्नरों के यथार्थ को मनोवैज्ञानिक ओर लिंग को एक अस्थिर विस्तार में देखा गया। मिसाल के लिए, इसके अनुसार अगर सफेद पुरुष बीज में लाल मादा बीज से अधिक शक्ति होगी तो नर का जन्म होगा। अगर सफेद पुरुष बीज और लाल मादा बीज की शक्ति एक समान होगी तो किन्नर जन्म लेगा। जब सफेद पुरुष बीज में लाल मादा बीज से कम शक्ति होगी तो मादा का जन्म होगा।

ज्योतिष पर चर्चा करने वाले ग्रंथों में भी किन्नरों के अस्तित्व पर चर्चा की गई है, यह पारंपरिक ज्योतिष संबंधी अभ्यास है जिसमें देखा जाता है कि ग्रहों या नक्षत्रों के अनुसार मनुष्य किन कर्मों के बंधन में बँधा है। दरअसल नौ आकाशीय ग्रहों में से, बुध ग्रह को नपुंसक या विपरीतलिंगी माना जाता है – जो कि अनिवार्य तौर पर किन्नर है – कभी इसका

चित्रण एक पुरुष तो कभी एक स्त्री के रूप में किया जाता है, जो एक ऐसे पशु की सवारी करता है जो न तो सिंह है और न ही कोई गज।[2]

कार्मिक धर्म संस्कृति को किस रूप में देखते हैं?

प्रकृति को पालित बना कर संस्कृति की रचना होती है। मनुष्य के लिए संस्कृति रचना एक सहज स्वभाव है। संस्कृति का उत्थान और पतन, समय–समय पर होता रहता है। हिंदु पुराणों में, इस संसार की रचना को एक सोए हुए देव, नारायण के जागरण के साथ जोड़ा जाता है। उससे पूर्व सारा संसार तरल अवस्था में था। इसके बाद संसार ने रूप धरा और जब नारायण के दोबारा सोने का समय होगा तो यह फिर से विलीन हो जाएगा। नारायण के सोने और जागने के साथ संसार का उभरना और विलीन होना, प्रकृति नहीं बल्कि संस्कृति है।

संसार शब्द का अर्थ, प्रकृति या संस्कृति हो सकता है। और अक्सर यही बात समझने में भूल हो जाती है। परंतु प्रकृति देवी को ही सर्वोच्च माना जाता है या इसे ईश्वर (मनस्/चेतना/आत्मा) का समानांतर बल माना जाता है। वह माता होने के साथ–साथ पुत्री भी है। माता के तौर पर, वह प्रकृति है, वन्य और अपालिता, किसी वन की तरह, देवी काली। पुत्री के रूप में, वह संस्कृति, सौम्य तथा किसी खेत की तरह सँवरी हुई है जैसे देवी गौरी। इस पुत्री के साथ संबंध ही हमें संस्कृति के प्रति कार्मिक विश्वासों के रवैये को समझने में सहायक होता है। हिंदू पुराण गाथाओं में इसकी बहुत अच्छी व्याख्या की गई है, जो संसार को प्रोत्साहन देती हैं। वे बौद्ध या जैन धर्म की तरह नहीं हैं जिनमें संसार को त्यागने और अस्वीकृत करने का भाव अधिक दिखाई देता है।

हिंदू पुराणों में ईश्वर के तीन रूपों की बात की गई हैः ब्रह्मा, विष्णु और शिव।

- ब्रह्मा सभी सजीवों व संस्कृति के सर्जक व प्रपितामह हैं। बौद्ध व जैन धर्म में भी, उनके पुत्र इंद्र व देवपुत्र सकरा के साथ उनका वर्णन आता है। उनके लिए कोई मंदिर नहीं बनाए गए क्योंकि उनका चित्रण एक ऐसे देव के तौर पर किया जाता है जो अपने अनेक पुत्रों की तरह, अपनी पुत्री/सृष्टि/संस्कृति पर ही मोहित हो उठा था। ब्रह्मा और उसके पुत्र, उस अप्रबुद्ध मन का प्रतीक हैं जो इंद्रिय संबंधी भोगों व सांसारिक वस्तुओं के माध्यम से जीवन की समस्याओं के हल पाना चाहता हे।
- शिव संहारक हैं। वे अपनी तीसरे नेत्र से काम तथा यम को नष्ट कर देते हैं। इस तरह से बुद्ध और तीर्थंकर के समान हो जाते हैं। दरअसल, उन्हें एक नग्न साधु के रूप में देखा जाता है, जो माथे पर भस्म लगाए, हिम से ढके पर्वतों पर, एकांत में धूनी साधता है। परंतु उनके बारे में यह कथा अधिक लोकप्रिय है कि वे देवी पार्वती से विवाह करके किस प्रकार संसारी बने और गणेश व कार्तिकेय जैसे पुत्रों को जन्म दिया। गणेश संपन्नता प्रदान करते हैं और कार्तिकेय हमें अभय प्रदान करते हैं।
- विष्णु को पालक माना जाता है, जो मानवता को धर्म के नियम समझाने के लिए अनेक अवतार लेते हैं। ब्रह्मा और उनके पुत्र अपने–आप में लीन हैं, शिव अहं को नष्ट करने में लगे हैं और विष्णु जीव को दूसरों के प्रति देखरेख और उत्तरदायित्व का भाव सौंपते हैं। धर्म को नियमों (नीति) या परंपराओं (रीति) से नहीं जोड़ा जा सकता। राम के रूप में विष्णु नीति का पालन करते हैं और कृष्ण बन कर, धर्म की स्थापना के लिए नीति को तोड़ते हैं। धर्म का अर्थ हैः दूसरों को अपने अधीन कर, वर्चस्व कायम करने

की पाश्विक वृत्ति से ऊपर उठना। यह इच्छा उत्तरजीविता की प्रवृत्ति से पैदा होती है।

प्रत्येक मनुष्य अपने लिए अर्थ व काम की चाह रखते हुए, कर्मों के भार से मुक्ति यानी मोक्ष पाना चाहता है, परंतु धर्म मनुष्यों को दूसरों से बाँधता है, यही संबंधों की आधारशिला है। सभी वैदिक अनुष्ठान – भले ही वे वैदिक यज्ञ हों या पौराणिक पूजा – वे संबंधों के पोषण से ही जुड़े हैं। दोनों में ही, अपने घर में देवताओं को बुलाना, उन्हें स्नान–अभिषेक के बाद वस्त्र धारण करवाना, भोग लगाना और पूजना शामिल है। जिसके बाद उनसे मनोकामना पूर्ति का वरदान माँगा जाता है। 'कुछ पाने के लिए देना', यही विचार हिंदू के सांसारिक दृष्टिकोण को आकार देता है। यह 'देना और पाना' है, यह 'देना–लेना' या 'लेना–देना' नहीं है।

ऋण का विचार भी प्रमुख विचारों में से एक है। जब हम दूसरों (संबंधी, अजनबी व संसार) के प्रति अपने ऋण से मुक्त हो जाते हैं, तो हम कर्मों के भार से भी छुटकारा पा लेते हैं। हम सामाजिक तौर पर उत्तरदायी होते हुए अपने ऋण को चुकता करते हैं। सामाजिक दायित्वों को पूरा किए बिना, लिया गया संन्यास पलायन के तौर पर देखा जाता है। संन्यास लेने से पूर्व परिवार, संतान व माता–पिता की देख–रेख का दायित्व महत्त्वपूर्ण होता है।

हालांकि हिंदू धर्म में संसार के खंडन की अपेक्षा, उसके स्वीकार भाव को प्रश्रय दिया जाता है, इसके साथ ही यह जाति अनुक्रम को भी समर्थन देता है। अपने बुनियादी रूप में, हिंदू धर्म में, धर्म को 'वर्ण–आश्रम–धर्म' के रूप में देखा जाता है, जिसका अर्थ है समाज में अपने वर्ण तथा जीवन में अपने आश्रम का सम्मान करना। इसका अर्थ है कि आप आजीवन चार अवस्थाओं में अपने पिता के व्यवसाय का पालन करोगे: पहले एक छात्र के तौर पर, फिर अपनी पत्नी, संतान, माता–पिता, भाई–बहन तथा विस्तृत समुदाय का उत्तरदायित्व लेने वाले गृहस्थ के तौर पर और फिर उसके

बाद एक सेवानिवृत्त व्यक्ति के तौर पर, जो अगली पीढ़ी को शिक्षा देता है और फिर संन्यास लेने की अंतिम अवस्था के लिए तैयार हो जाता है। आपकी जाति आपके पेशे से जुड़ी थी।

इस प्रकार किन्नरों का भी नैतिक कर्तव्य माना गया कि वे विवाह कर संतान उत्पन्न करें यानी आश्रम धर्म का पालन करें। उनके लिए मुक्ति का केवल यही उपाय था कि वे अपनी जाति अलग से बना लें और इस तरह हिजड़ा समुदाय बना जो काफ़ी हद तक, बौद्ध विहारों और हिंदू मठों की आश्रम व्यवस्था का पालन करता है। जिसमें एक गुरु और उसके चेले होते हैं। परंतु वर्ण अनुक्रम में, वे मुख्य धारा से बहुत परे हैं। सभी वर्णों से नीचे हैं क्योंकि उनके पास केवल नाचने–गाने या वेश्यावृत्ति करने का ही विकल्प शेष रहता है, जिसकी वजह से उन्हें ग्रामीण समाज ने दूषित माना और अंग्रेज़ों के समय में 'अपराधिक समुदाय' के तौर पर जाने गए। अंग्रेज़ी कानूनों ने हिजड़ा समुदाय पर काफ़ी नकारात्मक प्रभाव डाला और इसके साथ ही अन्य पारंपरिक विपरीतलिंगी समुदायों को भी कष्ट उठाना पड़ा।[3]

पूर्व–आधुनिक समाजों में, जो लोग अपने परिवार या जाति के ढांचे के अनुकूल नहीं होते थे, उन्हें अक्सर दो तरह से समुदाय से बाहर कर दिया जाता।

1. गृहस्थ जीवन की जिम्मेदारियों को नकारने वाले संन्यास ले लेते और किसी आश्रम में जा कर रहने लगते।
2. जो लोग अपनी किन्नर लैंगिकता को पहचान देते वे विपरीतलिंगी लोगों की तरह पोशाक पहन कर, हिजड़ों के दल में शामिल हो जाते।

दोनों ही किसी देवता या आत्मा के दिव्य बलों का दावा करते। संन्यास और किन्नर, दोनों अवस्थाओं में कड़े अनुक्रम का पालन किया

जाता। यह सब एक गुरु के संचालन में होता। इन दोनों में से किसी को भी परिवार की मुख्य धारा से जुड़ने की अनुमति नहीं दी जाती थी। दोनों को ही पेट भरने के लिए भिक्षावृत्ति करनी पड़ती। इन दोनों को त्योहारों और विशेष अवसरों पर आमंत्रित किया जाता। परंतु जहाँ भिक्षुओं को विशुद्ध आध्यात्मिक स्तर मिलता, वहीं लोग हिजड़ों से भयभीत रहते और उन्हें नीची निगाहों से देखते। उन्हें केवल इसलिए बुलाया जाता कि वे अपने नाच और गाने की मदद से, सामने वाले व्यक्ति पर पड़ने वाली बुरी नज़र का साया उतार सकें। हिजड़ों ने हिंदी और फ़ारसी पर आधारित अपनी बोली बना ली। वे धार्मिक समुदायों से दूर रहने लगे, वे हिंदू देवी के नाम पर स्वयं को बधिया कर देते परंतु इसके साथ ही मुस्लिम नाम रखते हुए, इस्लाम धर्म के प्रति आदर भाव प्रकट करते।[4]

शहरीकरण, शिक्षा व राजनीतिक और आर्थिक पर्यावरण में आए बदलाव ने वर्ण और आश्रम पर आधारित धर्म के पुराने ढांचे का रूप भी बदल दिया है। नए पेशे चुने जा रहे हैं और कोई भी पारिवारिक व्यवसाय को निभाने के प्रति नैतिक दायित्व को ग्रहण नहीं करता। युवा जन अकेले रहने या तलाकशुदा रहने का चुनाव कर रहे हैं। बूढ़े माता–पिता की सेवा करने के नैतिक दायित्व को चुनाव की तरह लिया जाने लगा है। वैश्विक संवाद 'समानता' के मापदंड पर आधारित है, जिसमें महिलाएँ व किन्नर पुरुषों की तरह समान अधिकारों की माँग कर रहे हैं। धर्मनिरपेक्ष भारतीय राष्ट्र ने महिलाओं को सारे तो नहीं किंतु कुछ अधिकार दिए हैं, और किन्नरों के प्रति अस्पष्ट है क्योंकि इसने विपरीतलिंगियों को पूरे अधिकार दे दिए हैं परंतु 'अप्राकृतिक सेक्स' को अपराधिक घोषित किया है।

आधुनिकता द्वारा परंपरा के लिए पैदा होने वाले ख़तरे के फलस्वरूप, सुधारवादी धार्मिक स्वर उभरे हैं जो 'अच्छे–पुराने' तरीकों को बनाए रखना चाहते हैं। परंतु ये पुराने तौर–तरीके तथ्यों की अपेक्षा कल्पनाओं पर आधारित हैं। ये एक ऐसे संपन्न वैदिक अतीत की बात करते हैं जिसमें असमानता या शोषण का नामोनिशान तक नहीं था।

यह कल्पना लोक, दक्षिणपंथी खेमों में लोकप्रिय है और विशेष तौर पर उन हिंदुओं के बीच प्रचलित है जो किन्नरों के अस्तित्व को ही नकारते हैं, जबकि ग्रंथों, कहानियों, गीतों और मंदिरों की दीवारों पर उनके होने के प्रचुर प्रमाण उपलब्ध हैं।

भारत की जातियों पर एक टिप्पणी[5]

जाति एक दक्षिण एशियाई घटना है जिसे न केवल हिंदू बल्कि इस क्षेत्र के ईसाई, मुस्लिम, जैन और बौद्ध भी मानते हैं। भारत में तीन हज़ार से अधिक जातियाँ और पच्चीस हज़ार से अधिक उपजातियाँ हैं, जिन्हें पारंपरिक और बाहरी तौर पर, वैदिक ग्रंथों में मिलने वाले जाति प्रथा तंत्र में विभाजित किया जाता है।

जाति प्रथा के प्रमुख लक्षण निम्नलिखित हैं:

1. जाति किसी भी समुदाय की पहचान होती है।
2. जातियों के बीच होने वाले विवाह को अच्छी नज़रों से नहीं देखा जाता। भारत में, पाँच प्रतिशत से भी कम अंतरजातीय विवाह होते हैं।
3. जाति अनुक्रम शुद्धता पर आधारित है; नीची जातियों में कुछ लोग अपवित्र माने जाते हैं जिससे छुआछूत की प्रथा को बढ़ावा मिला। वैसे विशुद्ध जातियाँ ही सुविधाप्राप्त जातियाँ रहीं। जिनके पास कभी धन, संपदा या अधिकार का अभाव नहीं रहा।

अंग्रेज़ों ने भारत को धर्म के आधार पर विभाजित करते हुए, भारत और पाकिस्तान में बदल दिया। स्वतंत्रता के बाद, भारत ने अपने राज्यों का भाषा के आधार पर विभाजन करना पसंद किया। परंतु पारंपरिक तौर पर, सभी दक्षिण एशियाई लोगों को जाति के आधार पर ही बाँटा जाता है। यूरोपियन लोगों ने इसके लिए 'कास्ट' शब्द का प्रयोग किया।

जाति अर्थात कोई समुदाय। जाति अपने पिता से मिलती है और पारंपरिक तौर पर, किसी व्यक्ति के व्यवसाय या पेशे को तय करती है। एक व्यक्ति को अपनी जाति में ही विवाह करना होता है। जाति से बाहर विवाह करने की मनाही थी। इसी तरह दूसरी जातियों के साथ बैठ कर भोजन करना भी मना था। इस तरह एक ही गाँव में रहने के बावजूद जातियाँ अपने–आप में अलग–थलग होती गईं। लोगों ने इस्लाम या ईसाई धर्म अपना लिया पर इसके बावजूद जाति प्रथा बनी रही, इसने सामाजिक दल निर्माण व पदक्रम में अहम भूमिका निभाई।

दो हज़ार वर्ष पूर्व, केवल अपनी ही जाति में विवाह की प्रथा कट्टर हो गई परंतु कम से कम तीन हज़ार वर्ष पुराने वैदिक स्त्रोतों में भी यह विचार मिलता है कि समाज मनुष्यों की विभिन्न श्रेणियों के मेल से बनता है। वेदों में वर्णित 'वर्ण' शब्द संभवतः रवैयों, कौशल, क्षमता या प्राचीन समाजों में पाए जाने वाले सामाजिक पदक्रम की ओर संकेत करता है।

जातियों के बीच का पदक्रम, आर्थिक और सामाजिक वास्तविकताओं पर आधारित था, ऐसा ही पदक्रम बहुसांस्कृतिक समाजों में देखने को मिलता है। हालांकि एक विचार ऐसा है जो जाति को एक अनूठा सामाजिक ढांचा बना देता है। यह शुद्धि का विचार है, जिसके अनुसार कुछ जातियों को अशुद्ध माना जाता है क्योंकि वे ऐसे काम करते हैं कि उन्हें शवों, विष्ठा, धूल व कचरे आदि के संपर्क में आना होता है। जाति प्रथा के इस पहलू ने इसे बहुत अपयश प्रदान किया। उच्च जातियाँ गाँव के बीच रहती थीं, निम्न जातियों को बाहरी इलाके में और अछूतों को गाँव के बाहरी छोर में रहने की जगह मिलती। जनजातीय कबीले गाँव से बाहर जंगल में रहते थे।

ऋगवेद के एक स्तोत्र में समाज का वर्णन एक ऐसे संघटन के तौर पर किया गया है जिसके शरीर के अंग, लोगों के चार वर्णों के मेल से बने हैं। इसी स्तोत्र के आधार पर, वेदों के दर्शन और अनुष्ठानों से जुड़े पुरोहितों ने हज़ारों जातियों को चार वर्णों में विभाजित किया और स्वयं

को सबसे ऊपर ब्राह्मणों की जाति में रखा। उन्होंने शासन वर्ग तथा भूस्वामित्व रखने वालों समुदाय को, क्षत्रियों के दूसरे वर्ण में रखा। उन्होंने व्यापारिक समुदायों को तीसरे वर्ण वैश्य में स्थान दिया। इसके अतिरिक्त बाकी सब, सेवाएँ देने वाले, शूद्रों के वर्ण में रखे गए। यह चौथा समूह धीरे–धीरे अलग हो गया। अछूतों और जनजातियों को चार वर्ण व्यवस्था से परे कर दिया गया। उसी समय अनेक धर्मसूत्र ग्रंथ रचे गए जैसे रामायण और महाभारत में, हज़ारों जातियों को चार वर्णों में विभाजित करने की प्रवृत्ति दिखती है। जिसमें ब्राह्मणों व भूमि को वश में करने वाली जातियों को पूरा महत्त्व दिया गया है। इसके साथ ही इसने शुद्धता और दूषण के विचार को प्रोत्साहन दिया जिससे अस्पृश्यता के अभ्यास को बढ़ावा मिला।

हालांकि अनेक ऋषियों व दार्शनिकों ने इसके खिलाफ़ आवाज़ उठाई परंतु भूमि के अधिकतर शासकों ने जाति का सम्मान किया क्योंकि इसने उनके शासन को वैद्यता प्रदान करने में मदद की और इसके बल पर वे दूसरे समुदायों से, कहीं आसानी से कर वसूल सकते थे। धरती को वश में रखने वाले क्षत्रियों तथा बाज़ार को वश में रखने वाले वैश्यों की तुलना में समुदायों से कर वसूलना आसान था।

अनेक व्यक्तियों ने नए ग्रामों की स्थापना करने और उनके माध्यम से कर वसूलने के लिए ब्राह्मणों का प्रयोग किया, इस तरह ब्राह्मण ईश्वर के शक्तिशाली दूत होते चले गए। बौद्ध और जैन भिक्षुओं को ब्राह्मणों की तुलना में अधिक महत्त्व देने वाले राजाओं को वैदिक विरोधी माना जाता, हालांकि उन्होंने चार वर्णीय सामाजिक ढांचे से कोई छेड़–छाड़ नहीं की थी। मुस्लिम शासकों ने भी, स्थिरता लाने के लिए, ब्राह्मणों को नौकरशाहों व कर वसूलने वालों के तौर पर प्रयुक्त किया और इस तरह चार वर्णों वाला सामाजिक ढांचा बदस्तूर जारी रहा। उन्होंने जाति के लिए 'कौम' और 'कबीला' शब्द का प्रयोग किया।

जब पुर्तगाली भारत आए, तो उन्होंने जाति के लिए 'कास्ट' शब्द का प्रयोग किया। उन्होंने इसे यूरोपियन तंत्र के कबीलों की तरह देखा जिनमें रक्त की शुद्धता का बड़ा मोल था। धीरे–धीरे अंग्रेज़ों ने प्रशासनिक सुविधा के लिहाज़ से जातियों का दस्तावेज़ीकरण करना आरंभ कर दिया और इस तरह यह गतिशील सामाजिक तंत्र कट्टर और दस्तावेज़ के तौर पर वर्गीकृत होने वाला बन गया। उन लोगों को भी जाति दे दी गई जिनकी कोई जाति नहीं थी और उन्हें एक तयशुदा राष्ट्रीय पदक्रम में एक सामाजिक स्तर दे दिया गया। इस तथ्य की उपेक्षा की गई कि जाति प्रथा के पदक्रम असंख्य प्रांतीय बदलावों के साथ स्थानीय तौर पर काम करते थे। जाति के आधार पर, अंग्रेज़ों ने सेना में भर्तियाँ कीं। उन्होंने जाति के आधार पर नगरों को बाँट दिया। इसके बाद वे जाति से धर्म पर आ गए, भारतीय ईसाईयों और भारतीय मुसलमानों के जाति विभाजन को उपेक्षित किया और हिंदुओं में जाति विभाजन पर बल देते हुए, इस बात पर ज़ोर दिया कि मनुस्मृति जैसे ग्रंथों के अनुसार, सभी हिंदुओं में जाति एक अनिवार्य दशा थी, जिसमें मूल रूप से, जाति को एक सामाजिक अभ्यास बताया गया था, उसे अपनाने की सलाह नहीं दी गई थी।

उन्नींसवी सदी में जो हिंदु श्रमिकों के तौर पर कैरीबियन द्वीपों की ओर गए, यूरोप व अमेरिका में दास प्रथा समाप्त होने के बाद, उनकी हिंदू पहचान तो वापिस मिल गई परंतु जाति की कोई पहचान नहीं मिली क्योंकि, उस जगह की सामाजिक–आर्थिक दशाओं के अनुसार, उन्हें जाति की आवश्यकता नहीं थी। अंग्रेज़ प्रशासकों ने श्रमिकों की जाति लिखने की परवाह ही नहीं की। परंतु भारत में, जाति का सामाजिक–आर्थिक दशाओं से गहरा संबंध रहा। अंग्रेज़ प्रशासकों ने जाति को दस्तावेज़ीकरण किया और सेना में भर्ती के लिए इसे अनिवार्य कर दिया गया। सेना में भर्ती के लिए सेना की जातियों को अनुमति थी और नौकरशाही पदों के लिए ब्राह्मणों और ज़मींदारों को ही प्राथमिकता दी जाती। जाति को

संस्थागत कर दिया गया था। इस दस्तावेज़ीकरण की प्रक्रिया ने धर्म को जन्म दिया, जिसे अब हम हिंदू धर्म कहते हैं।

जब भारत को आज़ादी मिली तो सरकार को एहसास हुआ कि जाति पदक्रम ने आर्थिक और राजनीतिक अनुक्रमों को बल दिया था। और अधिक समतावादी समाज के निर्माण तथा सामाजिक गति प्रदान करने के उद्देश्य से, सरकार ने निचली जातियों व जनजातियों के सदस्यों के लिए शिक्षा व नौकरियों में आरक्षण देने के बारे में सोचा। इस तरह सरकार ने जाति और स्तर को समान कर दिया, यह माना गया कि उच्च जातियों के पास सब है और निम्न जातियों के पास कुछ नहीं, यह एक ऐसा विभाजन था जो सादा नहीं बल्कि विवादास्पद था। इसके अलावा, पिछड़ी जातियों की एक श्रेणी बनाई गई, उन्हें भी आरक्षण की सुविधा दी गई। भारत सरकार द्वारा जाति की पुष्टि तथा वोट–बैंक की राजनीति के साथ, जाति प्रथा आज भी खूब फल–फूल रही है।

हाल ही में, जातियों के विभाजन के लिए दो स्तरीय वर्गीकरण सामने आया, जिनमें सुविधाप्राप्त जातियों को 'सवर्ण' तथा अल्पसुवधाप्राप्त जातियों को 'दलित' की श्रेणी में रखा गया। इनमें न्याय और समानता के लिए संघर्ष छिड़ा है। उद्देश्य यही है कि बी.आर. अंबेडकर के लेखन के अनुसार, जाति को पूरी तरह से समाप्त कर दिया जाए। लिंगायत जैसे धार्मिक समूह, आर्य समाज जैसे सुधार आंदोलन व राष्ट्रीय स्वयंसेवक संघ जैसे सामाजिक दल जाति को समर्थन नहीं देते। हालांकि, दक्षिण एशिया से जाति की चेतना को मिटाना, एक बड़ी चुनौती से कम नहीं है।

भारत की जनजातियों पर एक टिप्पणी[6]

2011 की जनगणना के आधार पर, जनजातियाँ भारत की जनसंख्या का 8.6 प्रतिशत हैं, यानी अनुमानतः 10.4 करोड़ लोग। वे सारे उपमहाद्वीप

में फैले हैं जिनमें अरुणाचल प्रदेश के अबोर और अप्तानी; तमिल नाडू के नीलगिरि पर्वतों के बडागास; छत्तीसगढ़ के बैगा, गोंड, मुरिया, दंडामी और कोल; राजस्थान, गुजरात और महाराष्ट्र के भील; ओड़िशा, बंगाल और बिहार के संथाल; हिमाचल प्रदेश के भोट; उत्तराखंड के कुमाऊँ और गढ़वाल प्रांत के भोटिया; त्रिपुरा के चकमा; झारखंड के मुंडा, गोंड, ओरांव, होस और खरिया; और अंदमान और निकोबार द्वीप समूहों के ओंग और जारावा।

इनमें मुख्यधारा से अलग शिकारी और संग्रहकर्ता समुदायों से ले कर, मुख्यधारा समाज के आसपास रहने वाले समुदाय तक शामिल हैं। मुख्यधारा के साथ इनका मिलन, राजनीतिक और आर्थिक दावे का बिंदु रहा है।

हर कबीले के पास अपना विश्वास तंत्र और माइथोलॉजी है, जो अपने–आप में अनूठी है। उनके लिए कर्म या पुनर्जन्म के विचार को मान्यता देना ज़रूरी हो भी सकता है और नहीं भी हो सकता। उनमें से अधिकतर इस बात में विश्वास रखते हैं कि भली और बुरी आत्माओं का पवित्र पर्वतों, नदियों, वृक्षों और कंदराओं में वास होता है।

कई सदियों से, उन पर स्थानीय हिंदू, बौद्ध तथा मुस्लिम जनसमुदाय के साथ मिल कर चलने का दबाव रहा है। हाल ही में, उनमें से अनेक ने ईसाई मिशनरियों के प्रभाव में आ कर, ईसाई धर्म को अपनाया है।[7]

वैकल्पिक लैंगिकताओं के प्रति जनजातीय रवैयों पर कभी पूरी तरह से शोध नहीं हुआ और न ही उन्हें कहीं दर्ज़ किया गया है। एक अध्ययन (सिटीज़न फाउंडेशन) के अनुसार झारंखड की हो जनजाति को पुरुष समलैंगिक संबंधों की समझ और जानकारी थी और उसके प्रति उनका रवैया सहज था।[8] हालांकि इसे दूसरे जनजातीय समुदायों के बीच इसी ढांचे का सूचक नहीं माना जा सकता। कई जनजातीय संघ ऐसे हैं जो यह दावा करते हैं कि उनकी जनजातीय संस्कृति में समलैंगिकता का कोई अस्तित्व नहीं है।

कार्मिक धर्म ग्रंथों को किस रूप में लेते है?

कार्मिक विश्वासों में ग्रंथ या बौद्धिक विश्लेषण के स्थान पर अनुष्ठान के अभ्यास को अधिक महत्त्व दिया जाता है। वे ज्ञान की अपेक्षा अनुभव को अधिक वरीयता देते हैं। बौद्धों के लिए, बुद्ध के प्रवचनों पर मनन करने की बजाए ध्यान करना कहीं अधिक महत्त्व रखता है। जैनियों के लिए, जैन मुनियों के बारे में पढ़ने या लिखने की बजाए तप और उपवास आदि करना अधिक महत्त्व रखता हे। सिख गुरुओं के प्रसंग पढ़ने और उनके लेखन का विश्लेषण करने की अपेक्षा सेवा और सिमरन पर अधिक बल देते है। किसी हिंदू के लिए वेदों और उपनिषदों का विश्लेषण करने की अपेक्षा मंदिरों में दर्शन के लिए जाना, व्रत–उपवास रखना, देवी और देवताओं के प्रसंग और भजन सुनना कहीं अधिक महत्त्व रखता है।

इस प्रकार कह सकते हैं कि हमने इक्कीसवीं सदी में, पाठ्य विश्लेषण को अधिक बल दिया और यह मान लिया कि सभी धर्मों का जन्म किसी ग्रंथ या पुस्तक से हुआ, यह घटना उपनिवेशवाद की देन हो सकती है। हिंदू धर्म ने सदा वेदों को मान दिया, परंतु जहाँ पश्चिमी शिक्षाविद् सदा इसे एक किताब के रूप में देखते हैं, हिंदुओं ने सदा इसे एक विचार के तौर पर लिया जिसे मंत्रोच्चार, अनुष्ठान, रीति–रिवाज़ों, गाथाओं, गीतों, वास्तुकला और संगीत के माध्यम से संप्रेषित किया गया। सिख धर्म ने भी इब्राहीमी धर्मों के अनुसार अपने लिए एक पवित्र ग्रंथ का चुनाव किया जिनमें संत कवियों की रचनाओं व पदों को शामिल किया गया। इस तरह पूरे संपादन के बाद वह पवित्र ग्रंथ तैयार हुआ। हमें कार्मिक विश्वासों पर आधारित ग्रंथों को देखते हुए, इन बातों को ध्यान में रखना चाहिए।

बौद्धों के ग्रंथों में भिक्षुओं के लिए नियम मिलेंगे परंतु कार्मिक ग्रंथों में ब्रह्माण्ड के वास्तुशिल्प व उससे हमारे संबंध से जुड़े विचार मिलेंगे। सामान्य धारणा यही है कि देश, काल और गुण की स्थापना के लिए

नियमों को अपनाना पड़ता है, क्योंकि यह संसार गतिशील और अस्थिर है और युगों के साथ चल रहा है जो बदलते रहते हैं। नियमों का उद्देश्य यही है कि लोगों को अच्छा बनाने की बजाए सामुदायिक जीवन यानी धर्म को बनाए रखा जा सके। यह इब्राहीमी विश्वासों और निष्ठाओं में वर्णित आदेशों से अलग है, जिसे ईश्वर ने पैगंबरों तथा फ़रिश्तों के माध्यम से उतारा।

इस्लाम और सूफ़ी मत के साथ निकटता के कारण, सिख धर्म ने धर्मसिद्धांत (पीरी, संत के लिए फ़ारसी शब्द पीर) को प्रशासनिक (मीरी, नेता के लिए फ़ारसी शब्द अमीर से) से अलग कर दिया। पवित्र ग्रंथ धर्मसिद्धांतों का अंग हैं और उनमें लिंगों को समानता दी गई है, किसी संन्यासी की तुलना में गृहस्थ के जीवन को अधिक महत्त्व दिया गया है; इनमें आत्मा को भी लिंग से परे माना गया है, वे ऐसी कोई टिप्पणी नहीं देते जो किन्नरों के प्रति द्वेष रखती हो। प्रशासनिक दायरे में, किन्नर अदृश्य हैं, उन्हें कानून और नियमों में न तो शामिल किया गया और न ही उनसे बाहर रखा गया। सिख धर्म में समलैंगिकता के प्रति द्वेष का भाव, विश्वास से जुड़ी अनिवार्यता की अपेक्षा, समाज की आम पितृसत्ता तथा निजी पूर्वाग्रहों की देन है।

उपनिवेशवादी इंडोलॉजिस्टों ने वेद, भगवद् गीता और मनुस्मृति जैसे ग्रंथों के उपयोग से एक हिंदू बाइबिल बनाने का प्रयत्न किया और अंत में, उन्नीसवीं सदी में हिंदू पर्सनल लॉ बनाने में सफल रहे। यह एक उपनिवेशवादी निर्माण था जो 5000 सीईं के अप्रचलित ब्राह्मण पाठ्य पर आधारित था, समकालीन संस्कृति में इसकी कोई वैद्यता नहीं थी, इसे विलियम जोन्स ने प्रस्तुत किया। इसने भारतीय दंड संहिता को प्रभावित किया। हालांकि समलैंगिकता और विपरीतलिंगियों के लिए बने कानूनों का ग्रंथों से कोई लेन–देन नहीं और ये विक्टोरियन नियमों पर आधारित हैं।

कार्मिक धर्मों में किन्नरों को किस रूप में देखा जाता है?

अगर कार्मिक विश्वासों को समझना हो तो इसके लिए इसकी कहानियों को देखा जाना चाहिए क्योंकि कहानियों के माध्यम से ही सामान्य जन अपने विश्वास और निष्ठा को समझ पाते हैं।

हिंदू धर्म में हमें ऐसी अनेक कथाएँ मिलती हैं जिनमें एक देवता, देवी का रूप ले लेता है, जो लिंग की अस्थिरता की परिचायक है। इसके अलावा ऐसी कहानियाँ भी हैं जिनमें एक स्त्री पुरुष का और पुरुष स्त्री का रूप ले लेता है। ये भूमिकाओं का बदलाव, विपरीतलिंगियों के लिए बड़ी सहजता की बात है। हालांकि नर और नर, मादा और मादा की मित्रता की छवियाँ मिलती है। परंतु इस बारे में निश्चित तौर पर नहीं कहा जा सकता कि वह प्रेम प्लेटोनिक, रुमानी है या फिर यौनिकता से जुड़ा है, इसलिए कई तरह की व्याख्याएँ की जा सकती हैं। इसके अलावा कहानियों में किन्नरों पर उठाए गए विषय, उपमा के तौर पर भी लिए गए हैं ताकि जटिल तत्वमीमांसक विचारों को सहजता से समझाया जा सके। हिंदू धर्म से जुड़े अध्याय में, इस बारे में विस्तार से चर्चा की गई है।

हिंदू धर्म में विपरीतलिंगियों से जुड़े अनेक प्रसंग मिलते हैं जिन्हें देख कर सांत्वना मिलती है। उदाहरण के तौर पर, ऐसे प्रसंग मिलते हैं जिनमें भगवान विष्णु एक युवती का रूप धरते हैं और भगवान शिव अर्धनारीश्वर का रूप धर लेते हैं। हालांकि समलैंगिकता हिंदू माइथोलॉजी में प्रमुख विषय के तौर पर कहीं नहीं आती।

इसके विपरीत, ग्रीक माइथोलॉजी में होमोसेक्सुअल प्रेम की कहानियाँ मिलती हैं जिनमें पुरुष, पुरुषों से तथा स्त्रियाँ स्त्रियों से प्रेम करती हैं। अपोलो को हाइसिंथस से प्रेम हो जाता है, उसकी बहन आर्टीमिस कैलिस्टो को अपने से दूर कर देती है क्योंकि वह एक युवक को उसे गर्भवती करने का अवसर देती है। ग्रीक कहानियों में एक पुरुष और युवक के

प्रेम की अनेक कहानियाँ मिलती हैं। इस तरह ग्रीक माइथोलॉजी किन्नरों की लैंगिकता के प्रति (अदृश्य भावनाएँ) सहजता दर्शाती है, जबकि हिंदू माइथोलॉजी किन्नर लिंग (दृश्य शरीर) के प्रति सहजता दर्शाती है।

यही विभाजन आधुनिक एलजीबीटीआईक्यू राजनीति में भी दिखाई देता है। ग्रीक माइथोलॉजी से प्रभावित पश्चिम, विपरीतलिंगी की बजाए, समलैंगिकों के प्रति अधिक सहजता दर्शाता है। हिंदू माइथोलॉजी से प्रभावित भारत में, लोग समलैंगिकों की बजाए विपरीतलिंगियों के प्रति अधिक सहज हैं।

हिंदू, बौद्ध या जैन ग्रंथों में, इब्राहीमी परंपरा की तरह सोडोम और गोमरा जैसी कहानियाँ नहीं मिलतीं, लोकप्रिय तौर पर जिनकी व्याख्या किन्नरों के व्यवहार के प्रति दैवीय दंड के रूप में की जाती है।

किन्नरों के प्रति कटुता का बर्ताव रखने के लिए कार्मिक धर्मों का कैसे प्रयोग किया गया है?

कार्मिक विश्वासों की आश्रम व्यवस्था में ऐंद्रिकता को भवसागर में डुबोने और बंधन पैदा करने के कारण के रूप में देखा गया। जो मनुष्य को जन्म और मरण के अंतहीन चक्रों में उलझाए रखती है। सेक्स को दूषित अर्थ में लिया जाता है और केवल संन्यासी और सती ही पवित्र व विशुद्ध माने जाते हैं। लैंगिकता पर आधारित पहचान को निंदा का सामना करना पड़ता है। यही वजह है कि विनय पत्रिका,[9] बौद्ध भिक्षुओं के लिए बनी आचार संहिता में यह स्पष्ट तौर पर कहा गया है कि किन्नर पंडक को पंथ में दीक्षित नहीं किया जाना चाहिए। यही नियम, पुरुषों की तरह वस्त्र धारण करने वाली स्त्रियों या स्त्रियों की तरह पेश न आने वाली स्त्रियों पर भी लागू होते हैं, शायद यहाँ उनका आशय समलैंगिक स्त्री से है। जैन धर्म में भी समलैंगिकता के प्रति अस्वीकार भाव है जो आश्रम संबंधी जीवनशैली की प्राथमिकता और वरीयता से उपजा हे। मनुस्मृति में,

समलैंगिक व्यवहार पर किन्नर विरोधी टिप्पणियों का संबंध यौनिक कर्म की अपेक्षा जाति के दूषित होने से अधिक है। अयोनि संभोग करने वाले लोगों को विशुद्धि कर्म करने को कहा गया है जैसे वस्त्र सहित स्नान करना या उपवास करना। विपरीतलिंगकामी व्यभिचार और बलात्कार के मामले में शुद्धि के लिए और भी कड़े विधान हैं।[10]

कार्मिक विश्वास मानते हैं कि हम अपने जीवन के लिए अपने पूर्वजों के ऋणी हैं और हमें विवाह करके, संतान उत्पन्न करके इस ऋण को उतारना होगा। यह अपने–आप में एक बड़ा संस्कार है और यही प्रमुख कारण है जिसकी वजह से समलिंगी संबंधों को नकारा जाता है, जिन्हें अनिवार्य तौर पर अनुर्वर और अनुपजाऊ तौर पर देखा जाता हे। सिख धर्म किन्नरों के लिंग या लैंगिकता के बारे में कुछ नहीं कहता परंतु विवाह और गृहस्थ जीवन को मोल देता है।

किन्नरों की मर्यादा पुष्टि के लिए कार्मिक धर्मों का प्रयोग कैसे कर सकते हैं?

कार्मिक विश्वासों से जुड़े इन विचारों की मदद से किन्नरों की मर्यादा की पुष्टि हो सकती हैः

1. किसी भी कार्मिक विश्वास में क़यामत का दिन नहीं होता। ईश्वर कोई न्यायधीश नहीं है। किसी के लिए भी अनंत नरकवास का विधान नहीं है, जिनमें किन्नर भी शामिल हैं।
2. ईश्वर या प्रकृति अनंत हैं। अनंतता की कोई रेखा या खंड नहीं होता। यह अपने–आप में किसी नदी की तरह प्रवाहमान है। इसमें किन्नर भी शामिल हैं। मनुष्य का मन अनंत और सीमित है इसलिए सब कुछ समझ नहीं सकता। हमें यह भी स्वीकार करना

होगा कि जो बात हमें समझ नहीं आती, उसे भी अनंत के प्रति प्रेम और पूरे विश्वास के साथ स्वीकार किया जाना चाहिए।

3. हमारा शरीर, हमारा व्यक्तित्व और हमारी लैंगिकता हमारे अपने कार्मिक भारों का नतीजा हैं। विवेक इसी में छिपा है कि हम उनसे संघर्ष करने की बजाए उन्हें स्वीकार करें।

4. ज्ञान के बल पर हम किन्नरों को समाज में स्थान दिला सकते हैं। हर समाज को स्थान, काल और पात्र के अनुसार अपने नियम बदलने चाहिए। पहले, स्त्रियों को पुरुषों से कम आंका जाता था, दलितों को ब्राह्मणों से कम आंका जाता था और किन्नरों को सामान्य जन से कम माना जाता था। परंतु आधुनिक युग में ऐसा स्वीकार्य नहीं है। हमें बदलते समय के साथ बदलना होगा।

5. हमें व्यावहारिक तौर पर सोचना होगाः
   - किसी किन्नर को अपने परिवार में कैसे शामिल करें?
   - जब किन्नर बूढ़ा/बूढ़ी होंगे तो उनकी देख–रेख कौन करेगा?
   - जब किन्नर बूढ़े होंगे तो वे अपने माता–पिता की देख–रेख कैसे करेंगे?
   - किन्नर परिवार के नाम को आगे कैसे ले कर जा सकते हैं?

6. किन्नरों के साथ भी वही समस्याएँ हैं जो उन उन नौजवानों और युवतियों के साथ आ रही हैं जो परिवार की बजाए अपने लिए कैरियर चुन रहे हैं, विवाह करने की बजाए अकेले रहना चाहते हैं, एक साथ रहने की बजाए तलाक देना चाहते हैं और केवल एक ही संतान को जन्म देना चाहते हैं। पुराने धार्मिक अभ्यास छोड़े जा रहे हैं और नए तौर–तरीके उभर रहे हैं क्योंकि लड़के और लड़कियाँ धर्म, भाषा, जाति और समुदाय से परे जा कर विवाह कर रहे हैं। इन सभी समझौतों के बीच, किन्नरों के लिए भी ऐसे ही समझौते किए जा सकते हैं।

7. किन्नर भी आपस में विवाह कर सकते हैं क्योंकि विवाह दो शरीरों का नहीं, दो आत्माओं का मिलन होता है जिसका कोई लिंग नहीं होता। हमने शरीर को बहुत महत्त्व दे रखा है जो किसी स्त्री, पुरुष या किन्नर का हो सकता है।

8. भले ही हमारा शरीर (स्त्री, पुरुष या किन्नर) कुछ भी हो, भले ही हमारा सामाजिक स्तर (धनी, निर्धन, शिक्षित, अशिक्षित, विवाहित/अविवाहित, व्यवसाय/सेवा), हर इंसान को अकेलेपन, वैद्य होने के भाव, कुंठा व त्याग की भावना से जूझना ही पड़ता है। यह सभी जीवों के लिए आम बात है। विवेक इसमें ही है कि हम लोगों को इससे निबटने में मदद कर सकें।

9. ईश्वर हमारे (जीव–आत्मा) और दूसरों के (परा–आत्मा) के भीतर है। परा–आत्मा के माध्यम से हम अनंत दिव्यता (परम–आत्मा) का बोध पा सकते हैं। इस तरह उपनिषदों के अनुसारः मेरे भीतर दिव्यता समाई है (अहम् ब्रह्मास्मि) और तुम्हारे भीतर भी दिव्यता समाई है (तत् त्वम् असि)। इस संसार में प्रेम और सराहना को उसी रूप में पाना चाहिए, जिस रूप में ये है; उसे अपने मनचाहे रूप में पाने की अपेक्षा करना गलत है। ईश्वर को जानो – वही विवेक और प्रेम है – इसके लिए आपको अपने भीतर से और अधिक उदार होना होगा और अपने भीतर और आसपास के किन्नरों को स्वीकृति देनी होगी।

10. सनातन धर्म के पास हर चीज़ के लिए एक उपाय होता है। कुछ भी स्थिर नहीं है। बस हमारे पास मुक्त हृदय, विस्तृत मन और समायोजन की इच्छा होनी चाहिए।

हमें यह ध्यान में रखना चाहिए कि बौद्ध, जैन, सिख और हिंदू धर्म एक ही प्रकार के नहीं हैं। उनके भीतर भी असंख्य पंथ और समुदाय हैं। हालांकि उन सबके भीतर कर्मों पर विश्वास का जो बुनियादी स्त्रोत

है, उसके बल पर ही किन्नरों को नवीन समाधानों के साथ समायोजित किया जा सकता है।

जहाँ तक देश और लैंगिकता का संबंध है, इसमें अब भी भ्रम बना हुआ है। जैसा कि पहले भी कहा गया, भारत का विपरीतलिंगियों के साथ सहज ऐतिहासिक संबंध रहा, हालांकि वे समाज के हाशिए पर बने रहे। जो भी हो, भारत के प्रधानमंत्री नरेंद्र मोदी ने खुल कर अगस्त 2016 में ट्रांसजेंडर अधिकारों की हिमायत की।[11] जून 2016, मध्यप्रदेश के उज्जैन में, एक विशाल और भव्य समारोह में, सरकार ने किन्नरों को अलग से शौचालय प्रदान किए। इसके साथ ही यू.एस. में ट्रांसजेंडर शौचालयों पर चर्चा हुई और ट्रांस–फ़ोबिक फ़ेमनिस्ट में वृद्धि हुई।

इब्राहीमी धर्मों में ईश्वर को पुरुष रूप में दिखाया गया है और उनके ज़्यादातर पैगंबर भी पुरुष ही हैं। समलैंगिक प्रेम की कहानियाँ मिलती हैं जैसे डेविड ओर सॉल के बेटे जोनाथन के बीच और इसके साथ ही यह भी बताया जाता है कि ईश्वर ने किन्नरों और उनके ऐंद्रिक रुझान को समाप्त करने के लिए सोडोम और गोमरा नगरों को नष्ट कर दिया था।

जहाँ तीसरे लिंग को मान्यता मिली है, वहीं बाकी किन्नर अब भी फ़लक से अदृश्य ही हैं। इस तरह भारत में, विपरीतलिंगियों को पूरे नागरिक और मानवीय अधिकार मिल रहे हैं परंतु समलैंगिक मेल को 'अप्राकृतिक सेक्स' के नियमों के अधीन अपराधिक श्रेणी में ही रखा गया है। समलैंगिकता के प्रति अरुचि के इस भाव को, कट्टर ईसाई और इस्लामिक ढांचों और हिंदू जाति में वर्चस्व रखने वालों से जोड़ा जा सकता है जो हिंदू धर्म को इब्राहीमी धर्म के अनुरूप करने में लगे हैं।

इस प्रकार, बुनियादी उदारवाद पर बल देना बहुत महत्त्व रखता है जो कार्मिक विश्वास के मूल में बसा है और विश्वास के उन खिंचावों को स्पष्ट करता है, जो किन्नरों के भावों की मर्यादा की पुष्टि करते हैं: बौद्ध धर्म किन्नरों के प्रति करुणा का भाव रखते हुए, एक ऐसी पहचान को प्रोत्साहित करता है जो सामाजिक और भ्रामक निर्माण से अछूती और

प्रामाणिक हो। जैन धर्म अहिंसा और सुधारवादी संदेहवाद की हिमायत करता है, नतीजन किन्नरों के यथार्थ के प्रति किसी निर्णय पर पहुँचने में हड़बड़ाहट नहीं दिखाता। सिख धर्म पूरी कड़ाई से लिंगों और व्यक्तियों के बीच समानता की हिमायत करता है और हिंदू धर्म विविधता का समारोह मनाता है, जिसमें अपने सभी रूपों के साथ किन्नर भी शामिल हैं।

२

बौद्ध धर्मः मुक्ति की ओर

जैरी जॉनसन

सामग्री सहयोगः विवेक तेजुजा और डॉ मीरा बेंदुर

- बौद्ध धर्म के संप्रदाय
- बौद्ध अनुयायी और सेक्स के साथ असहजता
- विपरीतलिंगियों के प्रति
- मठों से जुड़ा बौद्ध धर्म और किन्नर
- बौद्ध अनुयायियों के बीच किन्नरों के प्रति सहजता कायम करना
- पश्चिम में बौद्ध धर्म
- एक नयी जागरुकता

बुद्ध नामक राजकुमार, जो लगभग ढाई हज़ार वर्ष पूर्व भारत में एक प्रबुद्ध भिक्षु हुए और बौद्ध धर्म की स्थापना की। (*स्त्रोतः विकीमीडिया कॉमन्स*)

सिद्धार्थ गौतम, आधुनिक नेपाल के, कपिलवस्तु नामक स्थान पर, शाक्य वंश के एक राजकुमार थे उनका जन्म 485 ईसा पूर्व के आसपास हुआ। यह वह समय था जब वैदिक हिंदू धर्म पर धीरे–धीरे संसार त्यागी भौतिकवादियों का साया पड़ रहा था। लोकप्रिय गाथाओं के अनुसार, गौतम का जीवन एक राजकुमार के रूप में, महल की सुरक्षित चारदीवारी के बीच बीत रहा था और एक दिन, विवाह के तुरंत बाद, वे महल से बाहर घूमने निकले और उन्होंने पहली बार मृत्यु, रोग, वृद्धावस्था तथा एक संन्यासी के दर्शन किए। यह अनुभव उनके जीवन का एक बुनियादी अनुभव रहा।

इन देखे गए दृश्यों से शोकाकुल गौतम ने अपनी पत्नी और नवजात शिशु को छोड़ा और वनों में भटकने लगे। उन्होंने अनेक साधु–संतों से भेंट की। वे उनसे जानना चाहते थे कि मानवीय दशाओं के साथ अस्तित्व संबंधी प्रश्नों के उत्तर क्या हैं: हमारा अस्तित्व क्यों है? हम कष्ट क्यों उठाते हैं? हमारी मृत्यु क्यों होती है? क्या इस दशा से बचा जा सकता है? जल्द ही वे गौतम संन्यासी के रूप में जाने गए। वे अपने समय के अनेक वैरागियों की तरह, घर त्याग कर वन–वन भटकते रहे।

भ्रमणशील संन्यासियों का कहना था कि उपवास और त्याग ही प्रज्ञा पाने के एकमात्र उपाय हैं। इस प्रकार राजकुमार ने भोजन और जल का त्याग कर दिया और अंततः वे इतने दुर्बल हो गए कि उनके लिए चलना भी कठिन हो गया। तभी सुजाता नामक युवती ने उन्हें थोड़ा दूध और शहद दिया और उनकी सेहत में सुधार आया। कुछ दिन बाद, भारत के पूर्वी भाग में, एक पीपल के नीचे ध्यानरत गौतम का प्रज्ञा से साक्षात्कार हुआ। अचानक सिद्धार्थ ने गहन बोध को पाया। वे बुद्ध हो गए, अर्थात ऐसा व्यक्ति जो बोध को प्राप्त हो कर संबुद्ध हो गया हो।

ध्यान के माध्यम से बुद्ध ने जाना कि इच्छा या असंतोष ही कष्ट का मूल कारण है। इच्छा ही हमें तुलना करने, कुछ पाने की इच्छा करने, स्वामित्व जताने और संघर्ष करने के लिए विवश करती है। इस प्रकार उन्होंने संन्यास को, इच्छाओं से मुक्ति के साथ जोड़ा और कहा कि इच्छाएँ ही कष्टों का मूल हैं। बुद्ध ने स्व से पूर्ण मुक्ति का समर्थन किया – वे इसे एक भ्रामक धारणा मानते थे।

> मेरे मन ने निरंतर चलने वाली इच्छाओं के बंधनकारी प्रभावों से मुक्ति पाई, मेरे मन ने दुराग्रही मतों के बंधन से मुक्ति पाई, और मेरे मन ने अज्ञान के बंधनकारी प्रभाव से मुक्ति पाई।
> (विनय 111 4 – संक्षिप्त व्याख्या)

यह ध्यान देना बहुत महत्त्वपूर्ण है कि बौद्ध धर्म में सृष्टि से जुड़ा कोई प्रसंग नहीं मिलता। दरअसल, सृष्टि, अस्तित्व और अ–अस्तित्व के साथ संसार की चर्चा तक नहीं की जा सकती। यह सुधारवादी तत्वमीमांसक दृष्टिकोण, आदर्शवाद, द्वैतवाद या चेतना की सत्ता मीमांसा संबंधी सर्वोच्चता के आधुनिक सिद्धांतों के दावों से परे है। उनकी अंतर्दृष्टि शून्यवाद के सिद्धांत में प्रकट हुई जिसमें हमारा संसार ओर हमारा अस्तित्व एक निरंतर बने रहने वाले भ्रम से अधिक न था; पहचान को मूल कारण के बिना अस्तित्व में नहीं लाया जा सकता था। इस तरह सारे अस्तित्व को एक भ्रम के रूप में अनुभव किया गया।

इस प्रकार न तो कोई संसार है और इस तरह न ही कोई आदि और अंत है। बौद्ध धर्म शून्य की तत्वमीमांसा से अ–निर्णय की नीति की ओर जाता है। इसमें कोई कयामत का दिन या स्वर्ग या नर्क में अंतिम परिणति जैसा विचार नहीं आता। इस तरह बौद्ध धर्म में नश्वरता में

ईश्वरीय आदेशों में नहीं ढाला गया। ये व्यवहार की क्रियात्मक आदतें या व्यक्तित्व के मूल हैं, जिन्हें न्यूनतम तौर पर रखना अनिवार्य है ताकि भ्रमरूपी संसार के साथ कम से कम मोह पाला जाए और समत्व के साथ जीया जा सके।

वैसे भी, सृष्टि के विचार से स्वयं को अलग करने के बाद, बुद्ध ने सर्जक की अवधारणा पर भी कोई मत नहीं दिया; उन्होंने कष्टों के मूल कारण की पहचान को वरीयता दी। बुद्ध ने कहा: 'इस बारे में चिंता क्या करना कि विषैला बाण किसने छोड़ा? इस बात पर ध्यान दो कि विष को बाहर निकाल कर, जख़्म को कैसे भरा जाए।'[1]

बौद्ध धर्म, समय के साथ–साथ, परिष्कृत दार्शनिकता के बीच फला–फूला। जब यह भारतीय उपमहाद्वीप से परे, दक्षिण और दक्षिण पूर्व एशिया तक फैला तो इसके बहुत सारे संप्रदाय और मत सामने आए। प्रारंभिक बौद्ध धर्म के पास एक धार्मिक चरित्र था – यह कर्मों के भार और अस्तित्व की बारंबारता से मुक्त होना चाहता था, इसके समकालीनों ने और अधिक व्यवहारिक पहल को अपनाया, वे जीवन और संबंधों को अपनी सेवाएँ देना चाहते थे।

बौद्ध धर्म को मोटे तौर पर दो हिस्सों में विभाजित कर सकते हैं: आरंभिक ग्रंथों पर आधारित विचारधारा, थेरवाद या श्रेष्ठ जन की विचारधारा है और दूसरी विचारधारा, महायान है, जिसमें सामूहिक निर्वाण पर बल दिया जाता है। इसमें अन्य देवताओं व ग्रंथों को भी मान दिया जाता है। थेरवाद में केवल महान बुद्ध को ही मान्यता दी जाती है परंतु महायान में यह विचार दिया गया कि असंख्य यथार्थों के बीच अनंत बुद्धों का अस्तित्व विद्यमान है जिनमें कई बोधिसत्व भी शामिल हैं, जिन्होंने अपने ही निर्वाण को विलंबित किया ताकि वे पहले सभी दूसरे जीवों के कष्टों का निवारण कर सकें। महायान ने ही बौद्ध धर्म को देवी तारा का परिचय दिया, जिन्हें करुणा का अवतार माना जाता है।

बौद्ध धर्म की एक वज्रयान शाखा भी है, जो तिब्बत और भूटान के हिमालयी प्रांतों में केंद्रित है, जिनमें प्रबोध के पथ पर जाने के लिए अनेक प्रकार के अनुष्ठान अनिवार्य माने जाते हैं। हालांकि वज्रयान में प्रबोध को ऐसी एकरेखीय प्रक्रिया नहीं माना जाता जो केवल अनुष्ठानों या ध्यान की देन हो बल्कि यह एक अनपेक्षित और अद्‌भुत अनुभव है जो तभी घटता है, जब सामने वाला व्यक्ति इसे ग्रहण करने योग्य हो गया हो।

हालांकि बौद्ध धर्म का उदय भारत में हुआ और यह मौर्य साम्राज्य के सम्राट अशोक के संरक्षण में उपमहाद्वीप से बाहर भी फैला। इस प्रांत में इस्लाम के आगमन के साथ ही, 12वीं सदी के अंत तक, मध्य एशिया और भारत से बौद्ध धर्म लगभग समाप्त हो गया। हालांकि, पूर्व और दक्षिण पूर्व एशिया में इसका प्रचार जारी रहा। थेरवाद बौद्ध संप्रदाय इस समय श्रीलंका, म्यांमार, थाईलैंड, कंबोडिया तथा बाकी दक्षिण पूर्व एशिया में लोकप्रिय है जबकि महायान बौद्ध धर्म चीन, मंगोलिया, जापान और दक्षिण कोरिया में फला–फूला।

बौद्ध धर्म, भारत की श्रमण परंपरा का हिस्सा है, जिसमें संन्यासी जीवनशैली को प्रोत्साहन दिया जाता है जैसे जैन धर्म तथा हिंदू धर्म के अन्य कुछ संप्रदायों में भी होता है। इस प्रकार, आश्रम परंपरा का पालन करने वाले भिक्षुओं ने बहुत सारे नियम बनाए, जिनमें यौन व्यवहार संबंधी नियम भी थे जिन्हें 'अप्राकृतिक' यौन कर्मों के तौर पर देखा गया। ये विपरीतलौंगिक और समलैंगिक, दोनों ही रूपों के लिए थे। हालांकि आश्रम संबंधी व्यवस्था पर बल इस बात का संकेत नहीं देता कि बौद्ध ध र्म किन्नरों से अरुचि रखता है, जैसा कि हम आगे आने वाले भागों में देखेंगे। वास्तव में, सभी सुत्तों में हमें समलैंगिकता के बारे में कहीं किसी वर्जना का परिचय नहीं मिलता।

कुछ विद्वानों का कहना है कि भारत में 5वीं सदी के आरंभ से, महायान बौद्ध धर्म ने यौन कर्म सबंधी कल्पना का प्रयोग करना आरंभ किया ताकि महत्त्वपूर्ण तत्वमीमांसक सत्य संप्रेषित हो सकें।[2] उदाहरण के लिए, अनेक वज्रयान बौद्ध धर्म अनुष्ठानों तथा महायान तत्वमीमांसक अंतर्दृष्टियों में यौन संबंधी प्रतीक प्रमुख तौर पर सामने आए। विशेष तौर पर, अद्वैत और तत्वमीमांसक वेदांत की व्याख्या के लिए स्त्रैण और पुरुष संबंधी नियमों का प्रयोग किया गया। अक्सर विवेक, शून्यता तथा सत्यता की आत्मचेतना को प्रकट करने के लिए स्त्रैण प्रतीकों का प्रयोग होता है जबकि करुणा, परम सत्य के रूप व भ्रम को प्रकट करने के लिए नर प्रतीकों का प्रयोग होता है।

जिस परिवेश में यह सब उभरा, यदि उस पर ध्यान दें तो सार के तौर पर कहा जा सकता है बौद्ध धर्म को सक्रिय तौर पर वैदिक हिंदू धर्म ने आकार दिया जो उस समय भारतीय उपमहाद्वीप में प्रचलित था। अनेक बौद्धधर्म शाखाओं ने नर बुद्ध तथा बोधिसत्वों की ऐसी प्रतिमाएँ तैयार कीं जिनमें उन्हें अपने मादा संगिनियों के साथ संभोगरत दिखाया गया; जैसा कि हिंदू देवों को दिखाया जाता था। और कभी–कभी, बुद्ध के इन रूपों को पूजने वाले साधक, अपने अनुष्ठानों व कर्मकांडों में भी यौन संबंधी अभ्यासों को शामिल करते थे। कई विद्वानों का मानना है कि शाक्त प्रभाव से ही बौद्ध धर्म में स्त्रैण नियम का आविर्भाव हुआ होगा, जिसे देवी तारा के तौर पर जाना जाता है। शक्तिपूजक, हिंदू धर्म का ही एक संप्रदाय थे जो परम सत्ता के तौर पर देवी की उपासना करते थे।[3]

बौद्ध धर्म की शाखाएँ[४]

	थेरवाद	महायान	वज्रयान
भौगोलिक प्रचार	दक्षिण व दक्षिण पूर्व एशिया श्रीलंका, म्यांमार, कंबोडिया, लाओस, थाईलैंड।	पूर्वी एशियाः जापान, चीन	तिब्बत, भूटान
कालक्रम	आरंभिक, महायान पूर्व बौद्ध धर्म (4 ईसा पूर्व से निरंतर आधुनिक बौद्ध धर्म तक)	पहली सदी ई.पू. से उभरा और आधुनिक बौद्ध धर्म तक निरंतर जारी है।	पश्च महायान बौद्ध धर्म, 7वीं सदी के आसपास फला–फूला और समकालीन बौद्ध धर्म में जारी है।
विशिष्ट दर्शन	इच्छा ही कष्ट का मूल है, हम ऐसे संसार में स्थायित्व की कामना करते हैं जो स्वयं निरंतर परिवर्तनशील है।	बुनियादी बातों के अलावा विवेक के साथ करुणा का होना भी अनिवार्य है।	बुनियादी बातों के अलावा विवेक बिना चेतावनी के बिजली की तरह प्रहार करता है। हमें सदा इसके लिए तैयार रहना चाहिए।
विशिष्ट अनुष्ठान	ध्यान	प्रार्थना और ध्यान	अनुष्ठान, प्रार्थना और ध्यान
विशिष्ट प्रतीक	विविध हस्त मुद्राओं के साथ केवल बुद्ध	असंख्य सिर व भुजाओं सहित बोधिसत्व, वे तारा सहित या उसके बिना हो सकते हैं।	बोधिसत्व और तारा, यौन कर्म में लिप्त

बौद्ध अनुयायी और सेक्स के साथ असहजता

हिंदू धर्म की तरह, पुण्य युक्त बौद्ध क्रिया, कर्म के सिद्धांत पर आधारित हैं। हमें अकुशल कर्मों को नहीं करना चाहिए। ऐसे कर्म अविचार तथा वासनाओं के प्रति अनियंत्रित आवेगों व भावों की देन होते हैं जैसे गुस्सा, मोह, घृणा और लोभ। अगर आपका कोई भी कर्म इन भावों से प्रेरित होगा तो वह आपके लिए कार्मिक भार बन सकता है। वहीं दूसरी ओर, जो भी कर्म अनासक्ति के देन हो, स्नेही, प्रामाणिक और करुणामयी समझ से भरा हो उसे कुशल या अच्छा कह सकते हैं।

यदि इस ढांचे और मठ संबंधी व्यवस्था को देखें तो लगता है कि बौद्ध धर्म ने यौन संबंधी गतिविधियों को दूसरे धर्मों की तुलना में कहीं सख्ती से लिया। बुद्ध के आरंभिक उपदेशों को 'समयुत–निकाय' में दर्ज़ किया गया है, उसमें ऐंद्रिक वासनाओं की पूर्ति को 'निम्न, अश्लील तथा साधारण से जुड़ा हुआ' कहा गया है। उन्होंने ऐंद्रिक सुखों के भोग, काम को भी दुख के तीन मूल कारणों में से एक माना है।

'काम सुत्त' में बुद्ध कहते हैं:

> यदि कोई इंद्रिय सुख पाना चाहता है, उसे पा लेता है, तो उसका हृदय रोमांचित हो जाता है। मनुष्य जो चाहे, वह पा सकता है। परंतु यदि उस व्यक्ति के पास वह इच्छा, लगाव और सुख घटने लगता है तो वह बुरी तरह से बिखर जाता है, मानो उसे कोई बाण लग गया हो ... इसलिए व्यक्ति को सदा सजग रहते हुए यौन संबंधी इच्छाओं से बचना चाहिए। यदि वह उन्हें अपने से दूर रख सकेगा तो वह बाढ़ रूपी नदी को आसानी से अपनी नाव से पार करते हुए, किनारे पर पहुँच सकेगा।

विनय पिटक के अनुसार, सुदीना नामक एक भिक्षु ने अपनी माँ के आग्रह का मान रखते हुए, अपनी भूतपूर्व पत्नी के साथ यौन संबंध स्थापित किए ताकि परिवार को एक वंशज दिया जा सके। कहते हैं कि इसी घटना को जानने के बाद बुद्ध को मठ का अनुशासन संबंधी नियम बनाना पड़ा कि किसी भी भिक्षु को यौन संबंध बनाने की अनुमति नहीं होगी। 'जो भी भिक्षु यौन संबंध स्थापित करेगा, वह पराजिक कहलाएगा और उसे मठ संबंधी व्यवस्था का हिस्सा नहीं बनने दिया जाएगा।'[6]

आने वाले समय में, हर तरह की यौन संबंधी गतिविधि जैसे हस्तमैथुन आदि भी इस भ्रामक संसार से जुड़ी विचलित करने वाली इच्छाओं और वासनाओं से जोड़े गए। इच्छा को ही कष्ट का मूल माना जाता है इसलिए, यौनेच्छा सहित सभी प्रकार की इच्छाओं का त्याग, निर्वाण प्राप्त करने के लिए अनिवार्य है।

थेरगाथा में ऐसी अनेक कथाओं का वर्णन आता है जिसमें विवाह तथा यौन संबंधों को अस्वीकार किया गया है। अतुमा की माँ चाहती थी कि उसके लिए एक वधू तलाशी जाए परंतु वह घर छोड़ कर चला गया और एक भिक्षु के तौर पर दीक्षा ले ली। जब पोसिया अपनी पत्नी की कामुक प्रतिक्रियाओं से तंग आ गया तो उसके भीतर जागरण हुआ।[7]

बौद्ध धर्म संतति पैदा करने में भी अरुचि रखता था, इसे एक ऐसे तंत्र के तौर पर देखा जाता था जिसके द्वारा जीव पुनर्जन्म के निरंतर चक्र में बँध जाते थे।

बुद्ध ने साधारण जन के लिए जो पाँच धर्मादेश दिए, उनमें से एक के अनुसार व्यक्ति को यौन संबंधी दुराचार से बचना चाहिए। इसकी और अधिक व्याख्या नहीं की गई। केवल इतना कहा गया है कि एक व्यक्ति को विवाहिता या वाग्दत्ता युवती के साथ काम संबंध नहीं बनाने चाहिए। यौन संबंधों के कारण किसी को हानि न हो; ये परस्पर सहमति, स्नेह, प्रेम पर आधारित हों तथा इनसे विवाह के लिए किया गया कोई संकल्प या वचन न टूटता हो। यौन संबंध अत्याचारपूर्ण नहीं होने चाहिए जैसे किसी

अल्पायु व्यक्ति के साथ बलात्कार करना और इसमें ही अपने विवाहित साथी को जबरन यौन संबंध बनाने के लिए विवश करना भी शामिल है।

हालांकि भिक्षु व भिक्षुणियों को ये स्पष्ट निर्देश दिए गए कि वे ब्रह्मचर्य व्रत की शपथ ग्रहण करें।

सगे–संबंधियों के साथ यौन संपर्क की 'अनुचित इच्छा' कह कर निंदा की गई जिसमें किसी स्त्री द्वारा अपने पुत्र के साथ यौन संबंध स्थापित करना और पशुगमन शामिल है।

तीसरी सदी के हीनयान ग्रंथों में कहा गया है कि भले ही कोई स्त्री हो या पुरुष, मुख द्वारा या गुदा मैथुन, बुद्ध द्वारा दिए गए तीसरे धर्मादेश का उल्लंघन हैं जिसमें उन्होंने अनुचित यौन आचरण की चर्चा की है। इसके बाद वाले ग्रंथों के विवरणों में अनुचित यौन आचरण पर विस्तार से बात करते हुए, यौन संबंधों के लिए अपने हाथों को शरीर के अनुचित अंगों की ओर ले जाना भी शामिल किया गया।

संक्षेप में, आरंभिक बौद्ध धर्म निर्वाण के मुक्तिशास्त्र संबंधी लक्ष्य पर आधारित था और यौन में अभिरुचि उस लक्ष्य से विचलन की सूचक थी।

विपरीतलिंगियों के प्रति

बौद्ध सिद्धांतों में केवल दो लिंगों के संसार की बात नहीं की जातीः नर और मादा। नर व मादा के साथ कई दूसरे प्रकार के लिंगो का परिचय भी मिलता है जैसे स्त्री जैसे पुरुष (विपुरुषिका), यौन रूप से अस्पष्ट (समभिन्ना), तथा उभयलिंगी (उभातोव्यनजनक)। इससे स्पष्ट होता है कि कम से कम उस समय भी किन्नर लोगों के अस्तित्व का परिचय तो था, जिनमें निश्चित तौर पर विपरीतलिंगी और संभवतः स्त्रैण समलैंगिक तथा मर्दाना समलैंगिक।[8]

प्राचीन बौद्ध ग्रंथों में विपरीतलिंगियों की अनेक कथाएँ मिलती हैं। मिसाल के लिए, 'धम्मपद' में, (5वीं सदी) यह दर्ज़ किया गया कि सोरेया नामक

व्यक्ति ने एक भिक्षु की रंगत से मोहित हो कर, स्वयं को एक औरत के रूप में बदलवा लिया। फिर उसने भिक्षु से विवाह कर, संतान को जन्म दिया।

'लोट्स सूत्र' (सद्धर्मपुण्डरीकसूत्रम), एक प्राचीन बौद्ध ग्रंथ है, नागराज की आठ वर्षीया कन्या ने बौद्ध धर्म की शिक्षाएँ प्रदान करते हुए, स्वयं को एक युवक में बदल दिया। इस लिंग बदलने वाले गुरु की कथा सुनाते हुए विद्वान इस विचार को पोषित करते हैं कि किसी भी लिंग का व्यक्ति विवेक और प्रबोध पाने का अधिकारी हो सकता है। सोकागाकी इंटरनेशनल, महायान बौद्धों के वैश्विक समुदाय के प्रेजीडेंट दाईसाकू इकेडा के अनुसार, 'लोट्स सूत्र हमें सिखाते हैं कि सभी सजीव बुद्ध के संसार में स्वामित्व रखते हैं।'[9]

पाली त्रिपिटक में भी विपरीतलिंगियों की विभिन्न अवस्थाओं और प्रकारों की चर्चा की गई है – दोनों लिंगों के लक्षण रखने वाले और पुरुष जैसी स्त्री तथा स्त्री जैसे पुरुष सिंड्रोम।

तमिल महाकाव्य, 'मणिमेखलई' में नायिका हर प्रकार के यौन कर्म त्याग कर एक भिक्षु बन जाती है और वह एक पुरुष का रूप धरती है क्योंकि अनेक गुरु ऐसे थे जो स्त्री शिष्याओं को दीक्षित नहीं करना चाहते थे। 'मणिमेखलई' को अंततः एक गुरु अर्णव अदिगल (संभवतः वे महान महायान बौद्ध दार्शनिक नागार्जुन रहे होंगे, जो तीसरी सदी में थे), उन्होंने उसे अपने शिष्य के तौर पर स्वीकार किया जबकि वह एक युवती थी।[10]

तिब्बती बौद्ध धर्म में, महाकाल मा निन्ग नामक लिंगहीन देवता हुए हैं, जिन्हें धर्म रक्षक के तौर पर पूजा जाता है। 13वीं सदी में तिब्बती भिक्षु ग्यालवा यांग गोंपा ने लिखा कि मा निन्ग स्त्रैण और पुरुष संबंधी अवस्था की संतुलित अवस्था के सूचक हैं जिससे बुद्ध की आरंभिक शिक्षाओं से प्राप्त 'मध्यम मार्ग' की गूँज सुनाई देती है।[11]

बुद्ध ने स्वयं कहा है कि विपरीतलिंगी अवस्था उन व्यवहारों या कार्मिक बीजों (वास्सा) का परिणाम है जो कई जीवनकालों (अब्बोकिनानी) की देन है और सहज सत्य या मानवीय भूल नहीं है।

मठों से जुड़ा बौद्ध धर्म और किन्नर

बुद्ध के बाद जो आरंभिक ग्रंथ सामने आए जैसे 'विनय', उनमें नर भिक्षुओं को चार में से किसी भी प्रकार के लिंग के साथ यौन संबंध रखने की मनाही थीः नर, मादा, उभयलिंगी या स्त्रैण जिन्हें पंडक भी कहते थे।

पंडक शब्द का उचित अर्थ अब भी विचाराधीन है। उत्तर में हिजड़ों, समलैंगिकों, स्त्रैण समलिंगियों, विपरीतलिंगी पुरुषों या नपुंसकों को शामिल किया जा सकता है। कई विद्वानों का मानना है कि इस शब्द में उन पुरुषों को शामिल नहीं किया गया जो अपने ही लिंग के लिए यौनेच्छा अनुभव करता है। यह शब्द नपुंसक व्यक्ति के लिए है जो संतान पैदा नहीं कर सकता। बौद्ध ग्रंथों में, अभिधम्म भाग में, कथावत्तु के दूसरे अध्याय के पहले हिस्से में पंडक को ऐसे व्यक्ति के रूप में वर्णित किया गया है जो वीर्य उत्पन्न नहीं कर सकता।[12]

इस दौरान, बौद्ध धर्म मठ संबंधी व्यवस्था के प्रचार और प्रसार में लगा था; इस प्रकार, देखा जा सकता है कि बुद्ध ने अनुचित यौन आचरण के बारे में जो लिखा, वह केवल इसलिए था कि दीक्षित समुदाय की सार्वजनिक छवि खंडित न हो और उसे सद्गुणी माना जाए। संघ के लिए सामाजिक स्वीकृति बहुत महत्त्व रखती थी क्योंकि यह आम लोगों से मिली आर्थिक सहायता के बिना नहीं चल सकता था।[13]

आम लोगों के बीच भी ब्रह्मचर्य तथा यौन संबंधी वर्जना को प्रोत्साहित किया गया। इसी वर्जना में हस्तमैथुन भी शामिल था क्योंकि इससे भी कामेच्छा बढ़ती थी और इसलिए माँस–मज्जा से बने भ्रामक जगत के साथ उलझाव और बढ़ता जाता था।

'थेरगाथा' में ऐसी कहानियाँ भी मिलती हैं जिनमें दो भिक्षु आपस में प्रेम करते थे। कहानी के अंत में, उनके प्रेम को मोह का एक रूप मान कर अस्वीकृत किया गया है। संघ रक्खिता नामक एक भिक्षु की कथा आती है जो वन में अपने साथी भिक्षु के साथ रहता था। एक दिन उसने

एक हिरण देखा जो अपनी हिरणी के प्रति प्रेमवश उससे दूर नहीं जा पा रहा था; इस तरह घास और पानी के अभाव में, दोनों ने भूख से दम तोड़ दिया। यह देख कर भिक्षु को एहसास हुआ कि आसक्ति हमें किस तरह विवेक से दूर ले जाती है। वह घर आया और अपने साथी को लताड़ा कि वह उसके भीतर 'अनुचित विचार' क्यों पैदा कर रहा था। परिणामस्वरूप दोनों ही जागरण पाने में सफल रहे।[14]

इन सबके बीच, पंडक पुरुष, जो स्त्रैण, स्वच्छंद संभोगी तथा आत्मप्रचारक माने गए, उनके लिए मठ में प्रवेश करने की मनाही कर दी गई। ऐसा लगता है कि पंडकों को उनकी समलिंगी पहचान की वजह से निंदा नहीं मिली। दरअसल यह भय कहीं अधिक था कि वे दूसरे भिक्षुओं को यौन संबंधों के लिए उकसा कर, मठ के समत्व भाव में बाधा दे सकते थे।[15]

एक पंडक भिक्षु भी था, जो दूसरे भिक्षुओं के साथ यौन संबंध बनाना चाहता था। यह मान्यता उसके बर्ताव से ही उपजी कि पंडकों के भीतर विपरीतलिंगकामियों की तुलना में कहीं अधिक यौनेच्छा थी। उसे हाथियों के अस्तबल में महावत और सहायकों के अलावा सबने मना कर दिया। जब उसके यौनाचार की खबरें स्थानीय समुदाय तक गईं तो संघ को सबके बीच अपमान का पात्र बनना पड़ा।

चौथी सदी के महायान बौद्ध लेखकों वसुबंध और असंग का मानना था कि पंडक के पास आध्यात्मिक अभ्यास के लिए कोई अनुशासन नहीं होता क्योंकि वह अपने असीमित आवेगों की चपेट में है। 'लोट्स सूत्र' में भी कुछ ऐसा ही कहा गया है, जिसमें दीक्षित संघ सदस्यों को सलाह दी गई है कि वे यौनेच्छा से ग्रस्त व्यक्ति से दूरी बना कर रखें।[16]

अभिधर्म के कुछ ग्रंथों में भी कहा गया है कि पंडक को अपने जीवनकाल में प्रबोध नहीं मिल सकता परंतु उसे विपरीतलिंगकामी पुरुष या स्त्री के तौर पर पुनः जन्म पाने की प्रतीक्षा करनी चाहिए।

पाँचवीं सदी में थेरवादी विद्वान बुद्धघोष ने असित्त पंडकों के बारे में लिखा है, 'जिनकी कामेच्छा दूसरे पुरुष साथी के साथ मुख मैथुन द्वारा तथा अपने ऊपर वीर्य को छिड़कवा कर ही शांत होती है।' और उसूय पंडक की कामाग्नि, दूसरे व्यक्तियों को सहवास करते देख शांत होती है।' रोचक बात है कि 'विनय' पर की गई टीका 'कुरुंडी अत्थकथा', इन दोनों प्रकार के लोगों को दीक्षा देने की अनुमति देती है।[17]

अन्य अनेक बौद्ध व्याख्याकार जैसे यशोमित्र ने भी कई प्रकार के पंडकों का वर्णन किया है जैसे एक पक्ष के लिए पंडक होना, 'पक्ख पंडक'; बधिया द्वारा पंडक होना, 'ओपाकम्मिका पंडक'; वे पंडक जो मुख मैथुन करते हैं, 'असित्तक पंडक'; नपुंसक पंडक तथा दूसरों के सहवास को देख आनंदित होने वाले उसूय पंडक।

ऐसी स्त्रियों के बारे में भी यही असहजता देखने को मिलती है जिन्हें प्राचीन बौद्ध लेखकों ने ऐसी स्त्रियों के रूप में देखा, जो पुरुषों से अधिक कामवासना रखती थीं। अंततः स्त्रियों को भिक्षुणी बनने की दीक्षा दी गई परंतु उन्हें पदक्रम में नीचे और भिक्षुओं से अलग रखा गया ताकि वे किसी को भी लुभा न सकें। जो भिक्षुणियाँ संभोगरत होतीं वे स्वचालित रूप से पंथ से बाहर हो जातीं। किन्नरों और विपरीतलिंगियों को पूरी कड़ाई से समुदाय के मठों से बाहर रखा गया।

परंतु बौद्ध धर्म में, स्त्रियों के प्रति असहजता ने और निश्चित आकार ले लिया – गृहस्थ जीवन के साथ उलझाव – और इच्छा, असंतोष व असंख्य पुनर्जन्मों से भरे, इस भ्रमपूर्ण संसार से निस्तार। जेन ग्यात्सो के शब्दों में, 'किसी स्त्री के साथ सेक्स को इसके व्यावहारिक परिणाम ने कहीं ज़्यादा बदतर बनाया हैः विवाह, बच्चे, गृहस्थ जीवन; कुल मिला कर, संसार (इस भौतिक संसार में इच्छाओं से भरे जीवनचक्र)।[18]

यह पूरी तरह से स्पष्ट है कि बौद्ध धर्म यौन व्यवहार और समलैंगिकता को अस्वीकृति के साथ देखता है; हालांकि इसने मठों से बाहर रहने वाले आम लोगों के लिए किन्नर यौन अभ्यासों के विरुद्ध कोई कड़े दंड

विधान नहीं बनाए। कुछ बौद्ध देश ऐसे हैं जिन्होंने बौद्ध आबादी के लिए समलैंगिकता को अपने कानूनी तंत्र में अपराधिक श्रेणी में रखा है जैसे श्रीलंका, म्यांमार। तर्क दिया जा सकता है कि संभवतः यह प्रवृत्ति बौद्ध दर्शन के प्रत्यक्ष प्रभाव की बजाए उनके उपनिवेशी अतीत का प्रभाव रही हो।

बौद्ध थाईलैंड में अस्सी के दशक में एड्स की महामारी समलैंगिकता को सामाज़िक संकट के केंद्र में ले आई और इसके प्रति बौद्ध रवैया सहनशील होने के स्थान पर निंदक होता चला गया। 1989 में, थाई मठ परंपरा के संघों ने इस बात की पुष्टि की कि समलैंगिक पुरुषों को पुरोहितों के रूप में दीक्षा नहीं दी जाएगी। हालांकि तब से, एलजीबीटी व्यक्तियों के प्रति थाई रवैए में सुधार आया है, जैसा कि उनके कानूनों से भी स्पष्ट होता है। 2002 में, थाई स्वास्थ्य मंत्रालय ने घोषणा की कि समलैंगिकता को मानसिक रोग का दर्जा नहीं दिया जाएगा। 2005 तक, एलजीबीटी लोगों को थाई सशस्त्र बलों में अपनी सेवाएँ देने की अनुमति दी जा चुकी थी। 2007 तक आते–आते, थाई सरकार ने यौन आक्रमण या बलात्कार पीड़ित की परिभाषा को विस्तार दते हुए, इसमें स्त्री और पुरुष, दोनों को शामिल किया। सरकार ने वैवाहिक बलात्कार पर भी पाबंदी लगाई और कानून बनाया गया कि इसके लिए स्त्री और पुरुष, दोनों ही पीड़ित हो सकते हैं।

वर्तमान में, थाईलैंड का बौद्ध राष्ट्र, एशिया में एलजीबीटी व्यक्तियों को स्वीकृति देने वाले समुदायों में से एक है। एक नया संवैधानिक पैनल, कुछ कानूनों की मदद से ट्रांस लोगों की सुरक्षा सुनिश्चित करने के लिए कार्यरत है।

वर्तमान दलाई लामा भी किन्नर लोगों की लैंगिक वरीयता की परवाह किए बिना, उनके मानव अधिकारों की मान्यता के समर्थक रहे हैं। हालांकि उन्होंने किन्नर लैंगिकता पर बौद्ध दृष्टिकोण तथा धर्मनिरपेक्ष और सामाजिक दृष्टिकोण की विभाजक रेखा खींची है। उन्होंने 1997 में दिए

गए एक साक्षात्कार में कहा था, 'पुरुष व स्त्री तत्वों के बीच प्रजनन के लिए जननांग बनाए गए – जो भी इससे इतर होगा, उसे बौद्ध नज़रिए से स्वीकार नहीं किया जा सकता।' उन्होंने आगे कहा, 'बौद्ध नज़रिए से, पुरुष व पुरुष तथा स्त्री व स्त्री के बीच संबंध को यौन दुराचार माना जाता है। सामाजिक दृष्टिकोण से, परस्पर सहमति से बने समलैंगिक संबंध, एक–दूसरे के लिए लाभदायक, आनंददायक और हानिरहित हो सकते हैं।' उन्होंने अनुपयुक्त यौन व्यवहार से जुड़े स्त्रोतों का नाम लेते हुए वसुबंधु, असंग और अश्वघोष के पाठ्यों का संदर्भ दिया।

बौद्ध अनुयायियों के बीच किन्नरों के प्रति सहजता कायम करना

बौद्ध धर्म के प्रमुख नियमों में से एक – कम से कम अपने प्रारंभिक स्वरूप में – है सत्ता मीमांसा संबंधी शून्य का अभिकथन। हम जिसे भी इस संसार का विस्तार मानते हैं – जिसमें हम तथा हमारे 'स्व' का बोध भी शामिल है – यह केवल भ्रामक घटना है, जिसकी कोई सत्ता नहीं है।

इस तरह, एक दार्शनिक तंत्र में, जहाँ भ्रामक स्व, अंततः सत्ता मीमांसा संबंधी शून्य से उपजा है और जन्म और पुनर्जन्म के चक्रों में उलझा है, तो भौतिक शरीर, लिंग, सेक्स और अनुकूलन के सभी विचार अस्थिर हो जाते हैं और इन्हें तत्वमीमांसक अ–महत्त्व के भ्रामक लक्षण कह सकते हैं। जैसे, बौद्ध धर्म में कहा गया कि केवल भौतिक पहचान या लैंगिक आकर्षण से बने संबंध स्थापित करना व्यर्थ है। हालांकि यौन कर्म के दौरान शरीर जो भूमिका अदा करता है उसे न तो नकारा गया है और न ही दबाया गया है; दरअसल यह पूरी तरह सामान्य माना जाता है कि शरीर के विविध तत्वों का अनुभव पाते हुए, मन के साथ इसके पारस्परिक प्रभाव को जाना जाए।

इस तरह, लिंग की सीमाओं का धुंधलाना कोई बहुत बड़ा पाप नहीं है। ऐसे दृष्टिकोण के साथ, सेक्स और लिंग जटिल सांस्कृतिक और तत्वमीमांसक प्रदर्शन हो जाते हैं जिन्हें भौतिक शरीर के माध्यम से संपन्न किया जाता है – कई बार यह एक सुखदायक आसिक्त के तौर पर भी होता है – जो कि निष्पक्ष तथ्यों के बीच अस्तित्व संबंधी यथार्थ के विपरीत होती है।

बौद्ध धर्म के कुछ इतिहासकारों ने यह पाया कि जापान में, 13वीं से 19वीं सदी के अंत तक, बौद्ध संस्थाओं ने समलैंगिकता के साथ सहजता की मुक्त परंपरा का प्रचार किया।[20] बौद्ध मठों में यौन रूप से मुक्त इस परिवेश ने एक साहित्यिक विधा को भी जन्म दिया जिसे चीगो मोनोगटरी का नाम दिया गया, जिसमें बड़े भिक्षुओं तथा समलिंगी अल्पवयी सहायकों के बीच आत्मीय संबंधों को दर्शाया गया। ऐसी ही एक कथा में, एक स्त्री बोधिसत्व चीगो कानोन एंगी, एक वृद्ध भिक्षु के युवा प्रेमी का रूप लेती है, जो साथ पाने के लिए तरस रहा है। कुछ ही वर्षों बाद, सहायक की मौत हो जाने से भिक्षु फिर से अकेला और निराश हो जाता है। तब स्त्री बोधिसत्व उसके सामने प्रकट होती है और उसे बताती है कि वह ही उसके सहायक के तौर पर उसके साथ थी और वह उसे अस्थिरता और अस्थायित्व पर उपदेश देती है।[21]

कुछ विद्वानों के अनुसार, यह कथा भिक्षु के अकेलेपन के लिए कानोन की करुणा और एक पुरुष साथी को पाने की इच्छा की समझ को दर्शाती है। कानोन उसे मानवीय अस्थिरता और लौकिक आनंदों की नश्वरता के बारे में उपदेश देती है।[22]

बौद्ध धर्म ने किस हद तक अपने ही दीक्षित साधकों के बीच, समलिंगी यौन संबंधों को सहा है, वह इसी तथ्य से स्पष्ट हो जाता है कि 17वीं सदी के बौद्ध विद्वान कीतामारु किगिन, मठों में भिक्षुओं के लिए समलैंगिकता के हिमायती थे ताकि उन्हें गृहस्थ जीवन की उलझनों से बचाया जा सके। जापान में शिंगनोन मत के संस्थापक, एक और भिक्षु

कूबू देशी (कुकई), ने 9वीं सदी के आरंभ में, अपने मठ में समलैंगिकता का प्रारंभ किया। बौद्धों द्वारा यौनकर्म द्वारा संतति पैदा करने के प्रति अरुचि के साथ ही यह सामाजिक उपदेश भी दिया गया कि औरतें न केवल पुरुषों से हीन थीं बल्कि दूषित भी थीं। इसका अर्थ था कि यौन संबंधों के लिए स्त्रियों की बजाए पुरुषों को चुनना कहीं बेहतर था। दरअसल, इन्हें ही आदर्श संबंध माना जाता था। धीरे–धीरे, इस रवैए ने आधुनिक जापानी आश्रम संबंधी समाज में एक कौतूहल जनित अनियमितता को जन्म दिया, जिसमें अब अधिकतर भिक्षुणियाँ ब्रह्मचर्य जीवनशैली जीती हैं और भिक्षु विवाह करके, मंदिर की सपंत्तियों को अपने उत्तराधिकार में लेते हैं।[23]

बौद्ध धर्म की हाल ही में हुई व्याख्याओं ने यौन संबंधी गतिविधि और पहचान के ढांचे को नया आकार दिया – किन्नरों की पहचान को प्रामाणिक आत्म–बोध तथा अस्तित्व की संपूर्णता के साथ जाना गया। मिसाल के लिए, पत्रकार लैरी किंग के साथ समलैंगिकता पर दिए गए एक इंटरव्यू में दलाई लामा ने कहा:[24]

> यह एक निजी विषय है। जिन लोगों की कोई विशेष परंपरा है, उन्हें अपनी परंपरा का पालन करना चाहिए ... परंतु विश्वास न रखने वालों के लिए, यह सब उनकी मर्ज़ी पर निर्भर करता है। सेक्स का अलग रूप? जब तक यह सुरक्षित है, ठीक है! और पूरी तरह से सहमति, ठीक! किसी को सता कर? परेशान करके? ऐसा करना ग़लत है। यह मानव अधिकारों का हनन है।

दलाई लामा ने यहाँ क्या किया, उन्होंने काम संबंधी इच्छा को मानव अधिकारों के विस्तृत मुद्दे के साथ सहप्रासंगिक कर दिया, जो समानता, करुणा तथा स्नेहमयी दयालुता जैसे बौद्ध मूल्यों के अनुरूप है। बौद्ध धर्म में इसे पूरी तरह से स्वीकारा जाता है कि मठ की जीवनशैली सामान्यतः

हर इंसान के लिए नहीं बनी परंतु यह उन भिक्षुओं के लिए है जो गंभीर और पूरी तरह से धार्मिक क्रिया–कलापों में जुटे हैं।

बौद्ध धर्म का मूल विश्वास यही है कि व्यकित को कष्टों के इस चक्र से मुक्त होना है और ऐसा करते हुए, किसी दूसरे को कष्ट नहीं देना। दूसरों को सताना या तंग करना बुनियादी तौर पर अनुचित है। चूंकि यह कोई हिंसा नहीं है, इसे दो एक जैसे लिंग वाले इंसानों द्वारा आम सहमति के साथ प्रेम और समलिंगी इच्छा (किसी भी संबंधी की सारी सुरक्षा व देख–रेख सहित) के तौर पर देखा जाता है और दलाई लामा के अनुसार, इसे नीची निगाह से नहीं देखा जाना चाहिए।

समलिंगी विवाह वाले बिंदु पर बात करते हुए, दलाई लामा इस बात पर बल देते हैं:

> 'यह सब कुछ देशों के नियमों पर निर्भर करता है। यह ठीक है, मुझे लगता है कि यह निजी मामला है। अगर कोई जोड़ा वास्तव में ऐसा महसूस करता है, व्यवहारिक, संतोष, अगर दोनों पक्ष राज़ी हैं, तो ऐसा करने में कोई हर्ज़ नहीं है!

बौद्ध धर्म के अनुसार मनुष्य अपने ही कर्मों के लाभ और हानि का उत्तरदायी होता है और दलाई लामा, समलिंगी विवाह के मसले पर केंद्रित होते हुए कहते हैं कि यह मनुष्य की लैंगिकता की प्राकृतिक व्यवस्था की बजाए आपसी रज़ामंदी, आचरण और जिम्मेदारी की बात है।

इसी तरह, समकालीन चीन में, मानवतावादी बौद्ध धर्म के संस्थापक सिंग युन का कहना है कि बौद्ध धर्म को कभी समलैंगिकता के खिलाफ़ असहिष्णुता की शिक्षा नहीं देनी चाहिए और लोगों को अपने मस्तिष्क का विस्तार करना चाहिए।

> लोग अक्सर मुझसे पूछते हैं कि मैं समलैंगिकता के बारे में क्या सोच रखता हूँ? वे सोचते हैं कि यह उचित है अथवा अनुचित? उत्तर है कि यह न तो उचित है और न ही अनुचित। यह कुछ ऐसा है जो लोग करते हैं। अगर लोग एक–दूसरे को हानि नहीं पहुँचा रहे, उनके निजी जीवन उनके अपने मसले हैं, हमें उनके प्रति सहिष्णु होते हुए, उन्हें नकारना नहीं चाहिए।
>
> हालांकि अभी संसार को समलैंगिकता को पूरी तरह से अपनाने में थोड़ा समय लगेगा। हम सभी को दूसरों के प्रति सहनशील बर्ताव करना सीखना चाहिए। जिस तरह हम इस सारे ब्रह्माण्ड को अपने भीतर बसाने के लिए मन का विस्तार करना चाहते हैं, उसी तरह अपने मन का और विस्तार करना चाहिए ताकि मनुष्य के व्यवहार के सभी रूपों को अपने भीतर संजो सकें।
>
> सहिष्णुता उदारता का एक रूप है और विवेक का भी एक रूप है। धर्म में कहीं भी, कुछ भी ऐसा नहीं होता जो किसी भी इंसान को असहिष्णुता की ओर ले जाए। एक बौद्ध होने के नाते हमारा लक्ष्य यही हो कि हम हर तरह के लोगों को स्वीकार करना सीखें और हर तरह के लोगों को शाक्यमुनि बुद्ध की शिक्षाओं को समझने में सहायक हो सकें।[25]

समकालीन बौद्ध व्याख्याओं तथा बौद्ध नियमों पर आधारित दर्शन विचारधाराओं में, अपने सच्चे स्व को प्रकट करने पर बल दिया जाने लगा है, इसने अपना औचित्य, बुद्ध के उन अंतिम शब्दों से लिया, जो उन्होंने अपनी मृत्यु के समय कहे। उस समय, भंते आनंद, उनके साथी, रो रहे थे क्योंकि बुद्ध अपनी अंतिम श्वासें गिन रहे थे। उन्होंने बुद्ध से कहा, 'आप जा रहे हैं और मैं तो अभी तक प्रबोध नहीं पा सका। मेरा क्या है? मेरा

क्या होगा? यह संसार मेरे लिए अंधकार से भर जाएगा – आप ही तो मेरे जीवन का प्रकाश थे। और अब आप जा रहे हैं। हम पर दया करें।'

बुद्ध ने अपनी आँखें खोल कर कहा, 'अप्प दीपो भव।' 'अपने लिए स्वयं प्रकाश बनो।'

इसका अर्थ यही है कि किसी भी इंसान का सबसे बुनियादी कर्तव्य यही होना चाहिए कि वह अपने प्रति सच्चाई रखते हुए, अपने भीतर छिपे प्रकाश के साथ चले।

हमें जातक कथाओं में भी ऐसे बहुत से प्रसंग मिलते हैं। भारत में लिखा गया जातक साहित्य, हमें गौतम बुद्ध के पिछले जीवन की कथाओं का परिचय देता है, इनमें निरंतर एक बोधिसत्व की पत्नी तथा पुरुष मित्र व साथी का वर्णन आता है, जो अक्सर आनंद होते हैं।

ये दोनों बहुत सुंदर और कई जीवनकालों से बाल्यकाल के मित्रों की तरह वर्णित हैं। इन्हें कभी दो हिरणों, दो इंसानों, दो राजकुमारों या दो निम्न जातियों से आए व्यक्तियों के तौर पर दिखाया जाता है। एक कहानी में जब राजा किसी वृद्ध भिक्षु केशव के शिष्य युवक कप्पा को अपने पास बुला लेता है तो बूढ़ा भिक्षु बीमार हो जाता है। वह तभी ठीक होता है जब उसका युवा शिष्य दरबार से वापिस आता है। यह कहानी बुद्ध और उनके पुरुष सहायक के बीच आपसी मैत्री भाव को दर्शाती है।[26]

समकालीन बौद्ध धर्म ने यौन संबंध को संसार के जाल में उलझने की बजाए सहानुभूतिक मुक्ति के तौर पर रखना आरंभ किया है। भ्रम के बने रहने की प्रतिक्रिया में बौद्ध, लालसा और मोह की दशा के प्रति सहानुभूति का प्रदर्शन करते हैं। ब्रह्मचर्य के बारे में उनकी सीख, उनके इस निरीक्षण से उपजी है कि इच्छाओं के त्याग से ही, उन इच्छाओं से मुक्त हो सकते हैं।

नतीजन, बौद्ध धर्म अब असंतोष की उन मानवीय दशाओं पर केंद्रित है – जो विविध कारणों से पैदा होती हैं जिनमें कामेच्छा भी शामिल है – इस तरह उसके भीतर इनकी आलोचना की बजाए एक गहरी समझ

विकसित हो रही है। वह धीरे–धीरे आत्म–स्वीकृति के पथ पर और फिर उसके बाद उससे परे जाने की ओर अग्रसर है। अंततः यही मार्ग मोक्ष की ओर ले जाता है।

पश्चिम में बौद्ध धर्म

पश्चिम में बौद्ध धर्म, धर्मनिर्पेक्ष मानवतावाद की पश्चिमी दार्शनिक जड़ों, व्यक्तिगत मानव अधिकारों तथा आलोचनात्मक जानकारी से प्रभावित है। नतीजन, पश्चिम का बौद्ध धर्म समलैंगिकों के प्रति मैत्रीपूर्ण रवैया रखता है और पूर्व की भांति नहीं है। वहाँ हमें इसका धर्मनिरपेक्ष चरित्र देखने को मिलता है।

पश्चिम में स्थापित, बौद्ध संगठन के ज्यूनिपर फाउंडेशन ने, समलिंगी विवाह के पक्ष में आलेख लिखते हुए कहा:

> बौद्ध विचारधारा का मूल इसके परिज्ञान दर्शन में छिपा है, जो आलोचनात्मक अन्वेषण के साथ इसके धर्मसिद्धांत को चुनौती देता है और यह प्रकट करता है कि स्थिर दिखने वाले विचार किस तरह अधिक स्वेच्छाचारी हैं। इस दर्शन को लागू करते हुए हम देख सकते हैं कि सामाजिक रीति–रिवाज़ स्थिर नियम नहीं परंतु उभरते हुई परंपरा हैं जो किसी खास संस्कृति और समय में किसी उद्देश्य की पूर्ति करते हैं। विवाह भी उनमें से एक रीति और रिवाज़ है। यह कोई कट्टर नियम नहीं बल्कि उभरने वाली सामाजिक प्रथा है।

जेफ़ विल्सन के अनुसार, 'बौद्ध सम लिंगी विवाह का जन्म यू.एस.ए. में हुआ ... यह किसी एक्टिविज़्म नहीं प्रेम से उपजा था।'[27] यू.एस. में, अमेरिका के बौद्ध चर्च, जो जोडो शिंशु बौद्ध धर्म का प्रचार

करते हैं, यह जापान में समकालीन बौद्धों का विशालतम संप्रदाय है, ये ही समलिंगी विवाह करवाने वालों में से सबसे आगे थे। सैन फ्रांसिस्को के बौद्ध चर्च के आदरणीय कोशिन ओगुई ने 1970 में सबसे पहला समलिंगी विवाह संपन्न करवाया, जिसे बाक़ायदा दर्ज़ भी किया गया। तब तक समलिंगी अधिकारों को इतना महत्त्व भी नहीं मिला था। आगे आने वाले वर्षों में, दूसरे जोडो शिंशु पादरियों ने भी इसी मार्ग को अपनाया। ये विवाह करुणा और स्नेहमयी दयालुता के चलते संपन्न किए गए – ये ऐसे मूल गुण हैं, जिनका प्रत्येक बौद्ध अनुयायी को पालन करना चाहिए।[28]

नब्बे के दशक तक, अनेक जोडो शिंशु मंत्रालयों द्वारा समलिंगी विवाह करवाए गए। अप्रैल 2000, लॉस एंजिल्स के शेनशिन बौद्ध मंदिर के रेवरेंड मसालो कोडानी को दो स्त्रियों से विवाह करने को कहा गया। उनमें से एक ऐसी महिला थी जो पुरुष से स्त्री बनी थी। रेवरेंड कोडानी ने क्योटो में जोडो शिंशु मंदिर के प्रमुख, धर्मशास्त्र विशेषज्ञ से बात करके जानना चाहा कि क्या ऐसा करने में कोई परेशानी थी। उन्होंने उत्तर दिया कि जब तक जोड़े इस विषय में गंभीर थे तब तक इसे करने में कोई समस्या नहीं थी।[29]

ठीक इसी तरह, सोका गाकी इंटरनेशनल की यू.एस. शाखा (एसजीआई), निचीरेन बौद्ध धर्म से प्रभावित, जापान के एक धार्मिक आंदोलन ने 1995 में एलान किया कि वे भी समलिंगी जोड़ों के विवाह संपन्न करवाएँगे। निचीरेन बौद्ध धर्म, महायान बौद्ध धर्म से जुड़ा है और 13वीं सदी के जापानी भिक्षु निचीरेन (1222–82) की शिक्षाओं पर आधारित है। उनका मानना था कि हर व्यक्ति के भीतर एक सहज बुद्ध स्वभाव पाया जाता है और वे अपने वर्तमान स्वरूप व जीवनकाल में ही प्रबोध पाने के योग्य है।

एसजीआई प्रेजीडेंट दाईसाकू इकेडा ने कहाः 'बौद्ध धर्म समानता और सर्वोच्च मानवतावाद का प्रचार करता है। सभी मनुष्यों के अधिकार समान हैं। भले ही उनकी अंतर्जात मर्यादा कुछ भी हो, इससे कोई अंतर नहीं

पड़ता। भले ही आपके साथ कुछ भी हो, कृपया पूरे गौरव, आत्मविश्वास और साहस के साथ जीवन व्यतीत करें।'

पश्चिम के अनेक बौद्ध संगठन इस समय, समलिंगी विवाह के समर्थन में उठ खड़े हुए हैं और इसे कानूनी मान्यता देने के लिए कह रहे हैं। दरअसल, इन पश्चिमी संगठनों में अनेक एलजीबीटी लोगों को बौद्ध भिक्षुओं व पुरोहितों के तौर पर दीक्षित भी किया गया है।

एक नयी जागरुकता

बुद्ध के अनुसार, भाग्य या हालात की जगह मुक्त इच्छा या मंशा ही कर्मों की ओर प्रेरित करती है। हालांकि हमें जो संसार और जो कुछ भी दिया गया है, हम उसे बदल नहीं सकते, हम अपने किए जाने वाले कर्मों और मंशाओं पर केंद्रित हो सकते हैं ताकि हमें कष्टों से मुक्ति की ओर अग्रसर होने में मदद मिल सके।

परंतु विवेक के साथ काम करने में, व्यक्ति को यथार्थ के बुनियादी सत्यों से साक्षात्कार करना होगाः जैसे सब कुछ अस्थायी और अस्थिर है, दुख इच्छाओं से पैदा होता है; स्व भ्रामक है; और शून्य ही सात्विक है।

चार सत्य बौद्ध धर्म के बुनियादी दार्शनिक मूल को प्रकट करते हैंः

1. मनुष्य अस्थायी दशाओं और वस्तुओं के मोह में पड़े रहते हैं, जिससे दुख व असंतोष का भाव पैदा होता है।
2. यह इच्छा और चिपके रहने का भाव, कर्म उत्पन्न करता है जिससे हम जन्म–मरण और असंतोष के चक्र में आजीवन उलझे रहते हैं। यह इच्छाओं और दुखों का अंतहीन चक्र है।
3. केवल इच्छा को रोक कर ही, कर्मों के भार से मुक्त हो सकते है। ताकि पुनर्जन्म के चक्र को समाप्त किया जा सके।
4. अष्टांगिक पथ का अनुसरण ही निर्वाण का पथ है।

अष्टांगिक पथ का अनुसरण करने से, स्वयं को मर्यादित रखने, अनुशासन का अभ्यास करने, ध्यान और सजगता को अपने जीवन में उतारने से इच्छाओं को पाने की तड़प और मोह से मुक्ति मिलेगी और पुनर्जन्म और असंतोष सदा के लिए आपसे दूर होंगे।

प्राचीन बौद्ध ग्रंथों में, हमने पाया कि मन की चार गूढ़ व सूक्ष्म अवस्थाएँ बुद्ध ने पहचानीं: प्रेम, करुणा, मुदित व समत्व। मन की ये अवस्थाएँ ब्रह्म विहार कहलाती है, ये वे मूल्य हैं जिन्हें हमें दूसरों के साथ सामंजस्य रखते हुए, अपने जीवन में निश्चित तौर पर उतारना चाहिए। हालांकि संसार में किसी भी व्यक्ति के लिए इन मूल्यों को अपने जीवन में उतारना बेहतर होगा किंतु किन्नरों के लिए, मन के ये मूल्य और भी अधिक महत्त्वपूर्ण और मानसिक तौर पर बलशाली हो जाते हैं।

बौद्ध धर्म के अस्थायित्व के दार्शनिक ढांचे और सजग करुणा के मनोवैज्ञानिक केंद्र के साथ, व्यक्ति अजेय मानसिक स्वास्थय के संसाधन प्रदान करता है ताकि संघर्ष की किसी भी स्थिति से समझौता किया जा सके किन्नर अल्पसंख्यक समुदाय में तो यह और भी महत्त्वपूर्ण हो जाता है।

नयनोपनिका थेर में इन्हीं मानसिक अवस्थाओं के बारे में लिखा है: 'ये सामाजिक बाधाओं को समतल करते हैं, सामंजस्यपूर्ण समुदाय बनाते हैं, लंबे अरसे से सोई हुई उदारशीलता को जगाते हैं, खोए हुए आनंद व उत्साह को वापिस ले आते हैं और अहं से परे मानव भाईचारे का प्रचार करते हैं।' 'दीघ निकाय 13' में इन्हीं मानसिक रवैयों और उनके विकास पर विस्तार से चर्चा की गई है।

ऐसे संसार में स्नेह से भरी दयालुता का विस्तार करना कठिन लगता है जो किन्नरों के संघर्ष से भी अछूता रहा है। क्रोध, अपमान या आक्रामकता हमारे सहज स्वभाव के अंग हैं परंतु बौद्ध जीवनशैली इस भ्रामक स्व वाले संसार में हमें हमारे अकुशल कर्मों के बारे में याद दिलाती रहेगी: वह स्व कहाँ है जिसका अपमान होता है? क्या अपमान वास्तविक

है? क्या हमने अपने स्व को तत्वमीमांसक रूप से सत्य माना है जबकि वह नहीं है? जब स्व का कोई अस्तित्व ही नहीं तो क्या उस पर आक्रमण हो सकता है? भ्रामक स्व से मोह ही हमारे अपने कष्टों का कारण है, बौद्ध धर्म यही सिखाता है। यह मान कर चलना के दूसरे व्यक्ति के कर्म की प्रतिक्रिया में उठे हमारे भाव, भावों को तत्वमीमांसक निष्पक्षता प्रदान करते हैं और उसके साथ ही स्व और संसार को विस्तार देते हैं।

तिक नात हन्ह के अनुसार, क्रोध संवाद और सार्थक संप्रेषण में बाधा देता है। 'यदि आप इसे निश्चित तौर पर बदलना चाहें तो आपको बड़ी सावधानी से, आमने–सामने संवाद के माध्यम से, दूसरों के साथ अपने जीवन की कहानियाँ बाँटनी होंगी।' एसजीआई प्रेजीडेंट इकेडा कहते हैं।

इस प्रकार, बौद्ध धर्म यही चाहता है कि हम इस जगत में संपूर्ण आसक्ति और अनासक्ति के बीच एक संतुलित मध्यम मार्ग अपनाएँ। यदि हम पूरी तरह से मोहग्रस्त रहे तो असंतोष और कष्ट के चक्र में उलझे रहेंगे; यदि पूरी तरह से अनासक्त रहे तो हमारे भीतर दूसरों के लिए स्नेह व करुणा का भाव पैदा नहीं होगा, जो स्वयं इस भ्रमपूर्ण संसार में उलझे हुए हैं।

मध्यम मार्ग हमें दूसरों को करुणा और समत्व भाव से देखना सिखाता है। यह हमें हमारी भावात्मक प्रतिक्रियाओं के बदले सजगता को जागरूक करना सिखाता है।

विलियम एडग्लास तिक नात हन्ह के चौदह सजगता प्रशिक्षणों का संदर्भ देते हैं, जिनमें से एक के अंश निम्नलिखित हैं:

> केवल प्रेम और समझ के बल पर ही लोगों को समझने में मदद मिल सकती है: अगर मेरा जन्म एक समुद्री दस्यु के तौर पर होता और मुझे उसी रूप में पाला जाता, तो आज मैं एक समुद्री दस्यु होता। प्रत्येक समुद्री दस्युओं की उपस्थिति की जिम्मेदारी

लेता है ... जो करुणा से देखता है, वही गहरी समझ भी रखता है। करुणा ही वह मीठा जल है जो समझ के सोते से उत्पन्न होता है। अगर आप गहराई तक देखने का अभ्यास कर लें तो यही गुस्से और नफ़रत के लिए बुनियादी दवा हो सकती है।[30]

'करणीय मेत्ता सुत्त' में बुद्ध ने कहा है:[31]

कोई भी, किसी भी अवस्था में, किसी दूसरे व्यक्ति से छल न करे और न ही उसके प्रति द्वेष रखे। कोई भी किसी के प्रति मन में दुर्भाव न पाले और उसे हानि न पहुँचाए। जिस तरह एक माता अपने बच्चे को अपनी जान से भी बढ़ कर चाहती है। उसी तरह एक असीम ह्रदय को सारे जगत के प्रति दया और करुणा का भाव रखना चाहिए। ऐसा स्नेह और करुणा जो आकाश और पाताल की ओर जा सके, जो पूरी तरह से मुक्त व निर्बाध हो। किसी भी प्रकार की घृणा या दुर्भाव से मुक्त हो। उठते–बैठते, चलते–फिरते, उनींदेपन से मुक्त हो कर, व्यक्ति को यही बात रखनी चाहिए। यही सबसे बड़ी शिक्षा है। केवल स्थिर विचारों पर न चलते हुए; विशुद्ध मन, अपना एक स्पष्ट दृष्टिकोण रखता है, सभी ऐंद्रिक वासनाओं से परे होता है और पुनः इस जगत में जन्म नहीं लेता।

सुत्त एक ऐसे रवैए का प्रदर्शन करता है जो इस उद्‌देश्य की पुष्टि करता है कि हमें अपने और अपनी मानसिक अवस्थाओं का गहराई से पता होना चाहिए। इस सुत्त से हम तीन प्रकार के परिज्ञान ले सकते हैं:

1. किसी के प्रति दुर्भाव न रखें और उसे हानि न पहुँचाएँ।

2. हमें हर मनुष्य के प्रति स्नेहमयी करुणा का प्रचार करना चाहिए – एलजीबीटीक्यू व्यक्ति, होमोफ़ोब, कट्टर और संत।
3. हमें अपनी भावात्मक अवस्थाओं के प्रति सजग रहते हुए, सदा दयालु बने रहने की सजगता पर भी ध्यान देना चाहिए।
4. हमें केवल अपने ही दृष्टिकोण को वरीयता नहीं देना चाहिए क्योंकि ऐसा करने से दयालुता और सहानुभूति के अभ्यास के धुंधलाने का भय है।

इस प्रकार, बौद्ध धर्म, संसार में एक–दूसरे के प्रति संबंध रखने के लिए एक नई पहल सुझाता है। इसने यह जाना है कि संसार में सभी जीव कष्टों में उलझे हैं और इससे मुक्त होने के लिए सबका दयालु और करुणा से ओत–प्रोत होना आवश्यक है। यदि हम एक–दूसरे के प्रति दयालु होंगे तो आपसी समझ–बूझ के लिए मनोवैज्ञानिक ढांचा तैयार होगा और असंतोष मिटेगा।

बौद्ध धर्म का मानना है कि हम इसलिए दयालु नहीं है कि हम सुनते हैं, हम दयालु हैं इसलिए सुनते हैं। जब हम सही मायनों में जान लेते हैं कि संसार कष्ट से भरा है, तब हम अपनी दयालुता और समत्व भाव के साथ इसे मिटाने में सफल होंगे।

आरंभिक बौद्ध ग्रंथों में पहला किन्नर विरोधी दस्तावेज़ मिलता है परंतु हम हमने यह भी देखा कि आधुनिक युग में समलिंगी विवाह संपन्न करवाने के आरंभिक दस्तावेज़ भी यू.एस. के बौद्ध संगठन में ही मिले हैं।

बौद्ध धर्म की यह व्याख्या किसी व्यक्ति या किन्नर को यह अनुमति देती है कि वह अपने करुणामयी स्व के साथ पूरी तरह से उभरे, अपने शरीर, लिंग या मूल के प्रति नहीं बल्कि अपनी प्रकृति के लिए सजग रहे। यह एक ऐसा सांसारिक दृष्टिकोण है जो दूसरों के कष्टों के प्रति एक अनासक्त उदासीनता नहीं रखता। वह अपनी और अपने आसपास के लोगों के प्रति गहरी सहानुभूति और स्नेह का रवैया बनाए रखता है।

३

जैन धर्मः अहिंसा की खोज

जैरी जॉनसन
सामग्री सहयोगः सचिन जैन

- एक संक्षिप्त इतिहास
- दर्शन
- आचरण
- यौन संबंधित विषय
- लिंग संबंधित विषय
- जैन अनुयायियों के बीच किन्नरों के प्रति सहजता कायम करना
- एक नयी जागरुकता
- सार–संक्षेप

जैन परंपरा के अनुसार, वर्तमान मनुष्य युग के पार्श्व, 23वें तीर्थंकर या जिन की पहचान फ़नयुक्त सर्प से की जाती है, जिसकी छाया में वे खड़े हैं। जैन श्रमणों ने वस्त्र पहनने के विचार को पूरी तरह से अस्वीकृत कर दिया और वे अहिंसा में परम विश्वास रखते हैं। जैन धर्मावलंबी सभी यौन संबंधी इच्छाओं, विपरीत लैंगिक और समलैंगिक को, भौतिक जगत के बंधनों के रूप में देखते हैं। (*स्त्रोतः विकीमीडिया कॉमन्स*)

जैन धर्म, जिन का धर्म है, जिसका शाब्दिक अर्थ है, 'विजेता'। हालांकि यह लोकों की विजय के संदर्भ में नहीं कहा गया, मन और चरित्र के भीतरी आयामों पर विजय के बारे में कहा जा रहा है। एक जिन अपने क्रोध, दंभ, छल, इच्छाओं और लोभ पर विजय हासिल करता है।

जैन धर्म से ही अहिंसा का विचार आयाः यह केवल किसी को शारीरिक तौर पर कष्ट देने या चोट पहुँचाने के बारे में नहीं, इसका अर्थ यह भी है कि किसी दूसरे के मत या व्यवहार द्वारा प्रकट की गई आत्म–पहचान को भी ठेस न दी जाए। जब व्यक्ति सच्चे अर्थों में इस उदार सोच के साथ अहिंसक होगा, तभी वह भौतिकता की कर्मरूपी नदी से पार हो सकेगा।

एक संक्षिप्त इतिहास

जैन धर्म का उदय भारत में लगभग उसी समय हुआ, जब बौद्ध धर्म का उदय हुआ। कहते हैं कि पाँच सौ ई.पू के आसपास इस धर्म की स्थापना वर्द्धमान ने की, जिन्हें बाद में 'महावीर' या महान विजेता के नाम से जाना गया।[1]

जैन धर्म में माना जाता है कि हर चीज़ में जीवन तथा (दृश्य व अदृश्य) चेतना पाई जाती है जिनमें पत्थर, पेड़, पौधे व पर्वत आदि भी शामिल हैं। इसके फलस्वरूप, सभी सजीवों के लिए अहिंसा की अवधारणा जैन धर्म में सबसे अधिक महत्त्व रखती है। जैन धर्म को मानने वाले शाकाहारी होते हैं और पौधों की जड़ें तक नहीं खाते।

जैन धर्म को मानने वाले, संसार को समय की सीमा से परे मानते हैं। उनका मानना है कि कोई 'सर्जक' नहीं है। यह संसार सदा से रहा है और सदा कर्म के नियमों के अधीन रहेगा। बौद्ध धर्म की तरह जैन

धर्म में भी, किसी भी क़यामत के दिन की संकल्पना नहीं है। समय बीतने के साथ–साथ, सब कुछ श्रेष्ठ (सुषमा) से विकृत (दुषमा) और फिर श्रेष्ठ होती है। कालों का यह नियमित रूप से उत्थान और पतन अनंतकाल तक चलता रहता है।

जब सजीवों की आत्माएँ, इन पुनरावर्ती युगों से हो कर गुज़रती है, तो वे अपने लिए कार्मिक भार जमा कर लेते हैं, जो उन्हें कष्ट के निचले लोकों की ओर खींच ले जाता है, जैसे तैरता हुआ गुब्बारा चट्टानों के भार से डूबता है। तप और अहिंसा के बल पर व्यक्ति अपने कर्मों का भार घटा कर, उच्चतम लोकों की ओर जा सकता है। जैन धर्म के अनुसार, सिद्ध लोक को सबसे उच्चतम लोक माना जाता है, जिसमें चौबीस तीर्थंकरों का वास है, जिन्होंने कैवल्य ज्ञान या ब्रह्माण्ड का पूर्ण ज्ञान पा लिया है। उन्होंने अपनी आत्माओं को कार्मिक भार से शुद्ध कर लिया है अतः उनका कभी पुनः जन्म नहीं होगा।

संसार के सभी जीवों में से, प्रत्येक युग में केवल चौबीस तीर्थंकर ही इस अवस्था को प्राप्त करते हैं, और अनंतकाल तक असंख्य युग आते रहेंगे, जिसमें से प्रत्येक के पास चौबीस महान तीर्थंकर रहेंगे। सिंह के प्रतीक चिन्ह से दर्शाए जाने वाले महावीर, हमारे युग के अंतिम तीर्थंकर हैं।

बौद्ध–काल से पूर्व, जैन धर्म का प्रसार दक्षिण में, कर्नाटक और तमिलनाडू में हुआ, जैसा कि उन राज्यों की अनेक जैन गुहाओं से संकेत मिलता है। इस धर्म को अनेक राजाओं का संरक्षण प्राप्त था। इक्कीस सौ वर्ष पूर्व, ओड़िशा के खारवेला राजा और चौदह सौ वर्ष पूर्व कर्नाटक के पुलकेशिन चालुक्य ने इसे अपना संरक्षण दिया और फिर हिंदू धर्म का प्रसार होने लगा। हालांकि भारतीय उपमहाद्वीप से बौद्ध धर्म का लोप हो गया किंतु फिर भी जैन धर्म किसी तरह बचा रहा क्योंकि इसने सदा अहिंसा पर बल दिया और यही वजह रही कि अधिकतर जैनियों ने बैंकिंग, वाणिज्य और व्यापार जैसे धंधे अपनाए। इस तरह वे प्रमुख समाज के आर्थिक जीवन से गहराई से जुड़े रहे।

वर्तमान में, अधिकतर प्रमुख जैन समुदाय गुजरात और राजस्थान राज्यों बसते हैं। हालांकि भारत के अन्य हिस्सों में वे भी भारी संख्या में पाए जाते हैं, जैसे गंगा के मैदानी इलाके, कर्नाटक और तमिलनाडू।

जैनी प्रमुख तौर पर दो संप्रदायों में बँटे हैं:

- कट्टर दिगंबर जैन, जिनके पुरुष भिक्षु कोई वस्त्र नहीं पहनते।
- श्वेतांबर, जिनके भिक्षु और भिक्षुणियाँ सफ़ेद चोगे पहनते हैं।

जैसा कि ऊपर कहा गया, जैन अनुयायी कई सदियों से कृषि या पशु पालन की बजाए बैंकिंग और व्यापार से जुड़ी गतिविधियों को ही अपनाते आए हैं। वे जमींदारों के रूप में जाने गए, जो हिंदू राजाओं, मुसलमान सुलतानों और यहाँ तक कि ईस्ट इंडिया कंपनी में भी भेद नहीं करते थे। एक समुदाय के तौर पर, जैन भारत के उद्योगों और उद्यम क्षेत्रों पर अपना वर्चस्व रखते आए हैं।

दर्शन

जैन धर्म का मानना है कि सारा ब्रह्माण्ड प्राकृतिक है: जिसका भी अस्तित्व है, वह सब कुछ यथार्थ है। यह तत्वमीमांसा बौद्ध धर्म के विपरीत है जिसमें ब्रह्माण्ड के अस्तित्व को केवल माया माना गया है। पदार्थ और आत्मा – या चेतना ही यथार्थ और नित्य है। इस अस्तित्व में असंख्य आत्मा और वस्तुएँ हैं और वे सभी वास्तविक रूप रखते हैं। हो सकता है कि वे समय के साथ अपना रूप बदलें परंतु वे सदा अपने वास्तविक अस्तित्व के साथ रहते हैं।

ये सजग सत्ता जीव कहलाती है और असजग सत्ता को अजीव कहते हैं। जीव जीवन जीते हुए कर्मों के भार का संचय करते हैं – जो उनके द्वारा किए गए पाप और पुण्य के अनुसार होता है। एक सजग सत्ता यानी

जीव के जीवन का उद्देश्य यही होता है कि वह अपने कर्मों के भार को कम से कम करे ताकि उसकी आत्मा को मोक्ष की प्राप्ति हो सके।

सभी सजीवों के साथ ऐक्य भाव, जैन धर्म के मूल नियमों में से है। भिक्षु व भिक्षुणियों का समूह, जैन संप्रदाय में संघ कहलाता है जिसका एक अर्थ यह भी है कि लोगों को उनकी जाति, लिंग, स्तर या वंश आदि के भेदभाव के बिना समान माना जाए। समानता तथा सभी सजीवों के साथ समन्वय का भाव जैन धर्म के मूल आधार में से है, जो कि मूल रूप से अहिंसा है। एक जैन मुनि के अनुसारः 'जिस प्रकार मैं दुःख को पसंद नहीं करता, उसी प्रकार अन्य व्यक्ति भी दुःख को पसंद नहीं करते। अतः मैं हिंसा से दूर रहता हूँ तथा दूसरों से भी ऐसा ही करने को कहता हूँ। मैं दूसरों के प्रति हिंसा को प्रोत्साहित नहीं करता।'[2]

जब कोई जैन स्वयं को श्रमण कहता है, तो वह यह मानता है कि वह आत्मविकास, अपनी प्रसन्नता व दुःख, उत्थान और पतन का स्वामित्व और उत्तरदायित्व रखता है। इस प्रकार वह स्वयं को श्रेष्ठ बनाने के लिए संकल्पबद्ध होता है। आत्मनिर्भरता के साथ स्वयं को श्रेष्ठ बनाते हुए, इस लक्ष्य को पाया जा सकता है। ठीक इसी प्रकार, 'सम्मण' अपने भीतर अपने भावात्मक आवेगों को शांत करते हुए, क्रोध को नियंत्रण में रखता है। इस तरह एक जैन भिक्षु श्रमण और सम्मण का अभ्यास करता है। स्वयं को उत्कृष्टता के स्तर तक ले जाने के लिए आत्म–नियंत्रण का पालन करता है ताकि सभी जीवों के प्रति समत्व और संघ का भाव प्राप्त कर सके।

जैन धर्म लैंगिकता व लिंग जैसे मसलों पर क्या कहता है, इसे जानने के लिए पहले हमें इसके नीतिगत ढांचे पर ध्यान देना होगा। जैन धर्म अपने–आप में एक नास्तिक धर्म है, यह सृष्टि की तत्वमीमांसा में विश्वास नहीं करता। इस तरह, इसके नीतिगत आयाम, दैवीय प्रकटन की अपेक्षा सामाजिक और प्रकृति की परस्पर क्रिया के अनुपालन से सामने आते हैं। जैन साहित्यिक ग्रंथों के विशाल संग्रहों में अनुशासन, अनुपालन तथा

नीतिगत आचरण की चर्चा की जाती है। उदाहरण के लिए, वत्ताकेरा का 'मूलाचार' तथा 'दुसवईकलिका सूत्र' ऐसे ग्रंथ हैं जो उचित आचरण की बात करते हैं।

आचरण

जैन धर्म में श्रमण परंपरा को मान दिया जाता है। एक जैन भिक्षु को सद्‌गुणी जैन जीवनशैली का उदाहरणकर्ता माना जाता है। हालांकि आम व्यक्तियों को भी यही प्रोत्साहन दिया जाता है कि यदि वे अच्छा जीवन जीना चाहें तो उन्हें एक भिक्षु के जीवन का अनुसरण करना चाहिए।

एक भिक्षु दीक्षा से पूर्व पाँच महान संकल्प लेता है:

1. अहिंसा
2. सत्य
3. अचौर्य
4. किसी भी वस्तु पर स्वामित्व न रखना
5. शुचिता

इसके अतिरिक्त एक जैन भिक्षु से यह अपेक्षा भी की जाती है कि वह अपने चलने, बोलने, खाने या प्राकृतिक क्रियाओं को पूरा करते हुए भी अहिंसा का यथासंभव पालन करेगा। यह सब इसलिए किया जाता है कि उसकी ओर से किसी भी जीव के प्रति हिंसा न हो और वह यथासंभव अपने धर्म का पालन कर सके।

हालांकि आम जन को भी इन्हीं नियमों का पालन करने को कहा जाता है परंतु उनके लिए इतनी कठोरता नहीं बरती जाती। उनसे

शाकाहार को अपनाने, अहिंसा का पालन करने, छल व धोखे से दूर रहने या भावात्मक लगाव से दूर रहने की अपेक्षा की जाती है।

जैन धर्म का मानना है कि श्रावक यानी आम इंसान भी श्रमण की देखरेख करते हुए, अपने लिए आध्यात्मिक श्रेष्ठता हासिल कर सकता है। वे कट्टर शाकाहारी होते हैं जो कंद–मूल नहीं खाते और शाम को सूर्यास्त के बाद भोजन नहीं करते। जैन जीवनशैली में संयम का बहुत महत्त्व है, नियमित अंतराल पर किए जाने वाले व्रत–उपवास तथा ब्रह्मचर्य पालन के अभ्यास से यह स्पष्ट होता है।

संक्षेप में, जैन धर्म आत्मा के आंतरिक जीवन तथा हर उस संलग्न अभ्यास की ओर ले जाता है, जो आत्मा को शरीर द्वारा जमा किए गए कार्मिक भार से मुक्त कर सकते हैं। इस तरह, मोक्ष पाने के लिए यह उचित आचरण को सबसे अधिक महत्त्व देता है। शरीर ही वह साधन है जिससे कर्मों का भार घटाया जा सकता है; जबकि शरीर ही कार्मिक प्रदूषण का कारण व स्त्रोत भी हो सकता है।

इस प्रकार, आध्यात्मिक उद्भव तथा बोध की ओर जाने के लिए, जैन धर्म त्याग, आत्म–संयम, ध्यान व आत्मा की शुद्धि पर बल देता है। एक जैन को प्रोत्साहित किया जाता है कि वह अपेन भीतर आत्म–एकाग्रता के गुण को विकसित करे। इस तरह वह अपने शरीर तथा अस्थायी संबंधों से अपनी पहचान तोड़ कर, सार्वजनीन जीवित ऊर्जा से संपर्क साध सकता है।

जैन परंपरा के महान संत इसी बोध को पाने और ग्रहण करने में सफल रहे। जैनियों के लिए, धार्मिक जीवनशैली ही ऐसा साधन है जिसके बल पर ब्रह्माण्ड के साथ समत्व और संपूर्णता पाई जा सकती है। काव्यमयी शैली में, जैन आदर्श यही कहता है कि आत्मा को ब्रह्माण्ड की संपूर्ण स्थिरता के बीच विलीन होना है।

यौन संबंधित विषय

यदि इस अस्थायी शरीर पर अभौतिक आत्मा को केंद्र में रखा जाए तो यह सार निकाला जा सकता है कि जैन धर्म आसानी से यौन और यौन वरीयता के माध्यम से देह के उत्सव को नहीं स्वीकारेगा। वैसे भी अपने लिंग की पहचान पाने को एक मूर्खतापूर्ण कृत्य, अस्थायी, अस्थिर और तत्वमीमांसक तौर पर अमहत्त्वपूर्ण माना जाएगा। दरअसल, जैन धर्म की मान्यता है कि इन बाधाओं के चलते मोक्ष को पाना और कठिन हो जाता है और आत्मा जन्म और पुनर्जन्म के अनंत चक्रों में उलझ कर रह जाती है।

हालांकि जैन धर्म विशेष तौर पर समलैंगिकता या किन्नरों के लिए कुछ नहीं कहता परंतु इस विषय पर इसके मौन को समर्थन या निंदा नहीं माना जा सकता। जैन धर्म के लिए हर तरह की लैंगिकता समस्या की वजह है, उसे इतर लिंगी आकर्षण से भी परेशानी है। विवाह में संतान पैदा करने के लिए काम संबंध बनाने को इसलिए सहन कर लिया जाता है क्योंकि हर किसी के लिए संन्यास धर्म को अपनाना सहज नहीं होगा या यह उनके वर्तमान जन्म के लिए अनुकूल नहीं होगा। इस प्रकार, प्रजनन के लिए किए गए सेक्स को सकरात्मक योगदान के तौर पर देखा जा सकता है ताकि भावी जैन धर्म अनुयायी जन्म ले सकें।

इस प्रकार, जैन धर्म समलैंगिकता के लिए भी उसी तरह पेश आता है जिस तरह वह प्रजनन के लिए न बनाए जाने वाले सामान्य यौन संबंधों के लिए पेश आता – उसका मानना है कि यह शरीर की वासना तथा भावात्मक लगाव समत्व को नष्ट करता है और मनुष्य को भौतिक जगत में लिप्त रखता है।

लिंग संबंधित विषय

प्राचीन जैन ग्रंथ भौतिक शरीर के तीन लिंगों को मान्यता देते हैं – नर, मादा और नपुंसक। तत्वार्थ सूत्र में इनके लक्षणों का विस्तार से वर्णन किया गया है। इस ग्रंथ में तीनों लिंगों के भौतिक लक्षणों के साथ–साथ इच्छाओं के आंतरिक लक्ष्यों की चर्चा भी की गई है। आधुनिक अर्थों में इसे भौतिक सेक्स, मनोवैज्ञानिक लिंग और लैंगिक रूझान में अंतर के सदंर्भ के तौर पर ले सकते हैं।

'तत्वार्थ सूत्र' के दूसरे अध्याय में सूत्र 50 और 51 में लिंग के प्रति जैन रवैए को दर्शाया गया है, उनमें तीन लोकों का वर्णन आता हैः

1. स्वर्गीय जीवों का उच्च लोक जो नर या मादा लक्षणों के साथ प्रकट होते हैं।
2. नारकीय जीवों के साथ निम्न लोक, जो नपुंसक हैं और मिश्रित लैंगिक लक्षण रखते हैं।
3. मनुष्यों और जानवरों का मध्यम लोक, जो नर, मादा या नपुंसक हो सकते हैं।

हालांकि पाँचवीं सदी तक आते–आते जैन इस बात को जान चुके थे कि वे जैविक सेक्स, मनोवैज्ञानिक लिंग और लैंगिकता किसे मानते थे, जिसने एक जैविक नर (द्रव्यपुरुष) की संभावना को जन्म दिया, जिसके लिए निश्चित तौर पर यह नहीं कह सकते थे कि वह मनोवैज्ञानिक तौर पर भी नर (भावपुरुष) ही होगा। भले ही वह नर–लैंगिकता युक्त हो किंतु वह वास्तव में मादा या तीसरे लिंग की नैतिकता को अनुभव कर सकता था।[3,4]

इसके अतिरिक्त, जैन धर्म इस बात पर भी बल देता है कि पिछले जन्मों के कर्मों के आधार पर ही लिंग का निर्धारण होता है, परंतु लैंगिक लक्षण और इच्छा, मानसिक असहजता का परिणाम हैं। ये नर लिंग में बहुत कम मात्रा में पाए जाते हैं परंतु मादा और नपुंसक लिंगों में इनकी बढ़ोतरी हो रही है।

हालांकि जैन धर्म में भी महिलाओं के लिए मठों की व्यवस्था है, परंतु स्त्रियों के प्रबोधन के विषय पर परंपराएँ अलग हैं। दिगंबर जैन मानते हैं कि महिलाएँ आध्यात्मिक प्रबोध पा सकती हैं, परंतु यह उन्हें उनके वर्तमान जीवन में नहीं मिलेगा; आध्यात्मिक मुक्ति पाने के लिए उनकी आत्मा को पुनः नर के चोले में जन्म लेना होगा। यही वजह है कि सभी चौबीस जैन तीर्थंकर या जैनियों द्वारा पूजे गए महान तीर्थंकर पुरुष ही हैं।

इसके विपरीत, श्वेतांबर जैनियों की मान्यता है कि स्त्री और पुरुष वर्तमान जीवन में ही मोक्ष पा सकते हैं। लिंग का इतना महत्त्व नहीं है, मनुष्य के जन्म के साथ आने वाली स्वतंत्र इच्छा अधिक महत्त्व रखती है।

एक श्वेतांबर गाथा के अनुसार, 19वें जैन तीर्थंकर मल्लीनाथ का जन्म एक स्त्री देह के साथ हुआ (दिगंबर गाथा में ऐसा नहीं आता) क्योंकि उन्होंने पिछले जन्म में अपने मित्रों को छला था। उन्होंने दूसरों से अधिक तप आदि किए ताकि अपने कार्मिक भार को घटा सकें। इस तरह, वे एक जैन तीर्थंकर बने और उन्हें एक पुरुष के रूप में ही पूजा जाता है – उनके नाम का शाब्दिक अर्थ है भगवान चमेली – और उनका एक पात्र का प्रतीक, दोनों से ही उनके स्त्रैण रूप की झलक मिलती है।

जैन अनुयायियों के बीच किन्नरों के प्रति सहजता कायम करना

हालांकि दिखने में ऐसा लग सकता है कि भौतिक जगत के प्रति जैन धर्म के दृष्टिकोण और भौतिक देह के प्रति उसकी विचारधारा के कारण, किन्नरों के प्रति स्वीकृति का भाव पाने के बारे में सोचा भी नहीं जा सकता परंतु जैन धर्म के भीतर ही इस लक्ष्य को पाने के लिए एक अहम नियम छिपा है।

जैन विचारधारा में 'अनेकांतवाद' का सिद्धांत आता है। यह विचारों की बहुलता का सिद्धांत है। जैन धर्म इसी सिद्धांत के सहारे संसार की समझ रखता है। किसी भी चीज़ के सत्य को तभी जाना जा सकता है – जब आप उसके सारे संदर्भों और पहलुओं पर विचार कर लें। तब भी, सत्यों का व्यक्तिनिष्ठ बोध, उनके बोध में अपनी भूमिका अदा करता है। जैन धर्म के अनुसार, बोध ग्रहण करने वाले के लिए तथ्य बाहरी रहते हैं, जिन्हें वह असंख्य तरीकों से ग्रहण कर सकता है।

दरअसल, जैन धर्म में ही हमें यह सिद्धांत भी मिलता है कि कोई भी व्यक्ति इस अनंत ब्रह्माण्ड में सारे सत्यों का निचोड़ नहीं पा सकता। इसी में विविधता की प्रचुरता तथा मनुष्यों और लैंगिकता, स्वर्गीय जीवों व ब्रह्माण्ड के सजीवों के बीच मान्यता के अज्ञात भावों को मान्यता दी जा सकती है।

ज्ञानमीमांसा संदेहवाद जैन धर्म के, कर्म में अहिंसा तथा रवैए में समत्व भाव के साथ एकरेखीय जान पड़ता है। सत्य पर स्वामित्व भाव रखे बिना, जैन आसानी, सहजता, शांति और विनम्रता से विभिन्न प्रकार के विवादित मतों को मार्गदर्शन कर सकते हैं। इस प्रकार निर्णय, निंदा या दंड का विचार स्वीकृति या समायोजन के पक्ष में छोड़ा जा सकता है।

अनेकांतवाद के इस सिद्धांत के साथ ही न्याय का नियम आता है, जो मतों के बीच सामान्य सार को देखता है जो भले ही विरोधाभासी या

विपरीत क्यों न जान पड़ें। न्याय का सिद्धांत इस बात पर बल देता है कि उद्देश्यों, मतों और सत्यों में दिखाई देने वाले अंतर, वस्तुओं के उन विभिन्न पहलुओं से उपजते हैं जिन पर व्यक्ति को ध्यान देना चाहिए। कई बार हम अपने सहज ज्ञान पर भरोसा करते हैं परंतु यह उद्देश्य की हकीकत को पूरा करने में अंसपूर्ण हो सकता है। हमारे बोध अहं या पक्षपात से भरपूर हो सकते हैं, जिसकी वजह से हमें आंशिक भय हो सकता है। यहाँ मानव चेतना अनिवार्य तौर पर, बोध पर एक ढांचा तैयार करती है जिससे हमारे बोध का आकार, तरीका और रूप तैयार होता है। दूसरे शब्दों में चेतना को यथार्थ के बोध का एक सक्रिय योगदानकर्ता कहा जा सकता है।

जैन ग्रंथों में, ये नियम आत्मा के संबंधों को प्रकट करते हैं और मोक्ष से जुड़े हैं। इंद्रियों से परे सत्य तक पहुँच बनाने के उद्देश्य से, जैन धर्म हमें आत्म–केंद्रित होने से बचने को कहता है और यही प्रोत्साहित करता है कि हम दूसरों के भीतर श्रेष्ठता को प्रोत्साहित करें। किन्नर जीवनों के संदर्भ में, अनेकांतवाद और न्याय विविधता, लैंगिकता और मनुष्य विचलनों पर एक दृष्टिकोण प्रदान करता है जो मनुष्य की वर्तमान सोच और धारणात्मक योगयता द्वारा ग्रहण करने के लिए बहुत जटिल होगा। इस धर्म में व्यक्ति को स्वायत्त माना जाता है और उसे अपनी आत्मा की नियति और कार्मिक भार को चुनने की पूरी आज़ादी दी जाती है।

जैन धर्म में महिलाओं की स्थिति के बारे में बात करें तो जैन ग्रंथ में लिंगों के प्रति समतावादी दृष्टिकोण के समर्थन में बहुत कम साक्ष्य मिलते हैं। जैन धर्म की कुछ स्थानीय परंपराओं में, जैसे श्वेतांबर परंपरा में, उपदेवी पद्मावती को पूजा जाता है, हालांकि उन्हें तीर्थंकरों के समान महत्ता नहीं दी जाती। पद्मावती को वे लोग पूजते हैं जो अपने जीवन में भौतिक सुखों का आनंद पाना चाहते हैं, धन–संपदा व सत्ता के लिए अपनी कार्मिक भूख को बढ़ाना चाहते हैं और जिन पथ पर चलने के योग्य बनना चाहते हैं। हालांकि उनका नाम उन्हें एक कमल व लक्ष्मी से

जोड़ता है, वे हिंदू धर्म की दुर्गा की तरह एक वीरांगना और अभिभावका भी हैं, जो अपने पति धरेंद्र (धरती के इंद्र), के साथ इस युग के सर्वोच्च तीर्थंकर पार्श्व की रक्षा करती हैं।

एक नयी जागरुकता

अनेकांतवाद और न्याय संयोग हमें असंख्य दृष्टिकोण प्रदान करता है, जिनसे संसार को देखा जा सकता है। उदाहरण के लिए, आत्मा की अवधारणा को लें। एक निश्चित अर्थ में, आत्मा एक है – एक अनंत, निरंतर, अभौतिक व असीमित सत्ता। दूसरे दृष्टिकोण से, आत्मा असंख्य हैं – जितने इस ब्रह्माण्ड में जीव हैं। एक निश्चित अर्थ में, आत्मा अपने रूप बदल रही है, कई प्रजातियों और जीवनकालों में फैली हुई है। यह अभौतिक भी हो सकती है परंतु अपने तत्व के साथ यथार्थ रूप रखती है। एक अर्थ में, आत्मा असीमित और मुम्ति है परंतु दूसरे अर्थ में, यह भी कार्मिक जनहानि से बँधी है।

सामाजिक मेलजोल की दृष्टि से, ये नियम, परिवर्तन की उपस्थिति के बीच स्थायित्व और ऐक्य में अनेकता को पाने की अनुमति देते हैं। जैन जानते है। कि आपसी अंतर पाए जाते हैं परंतु ब्रह्माण्ड का यथार्थ एक सा है। हम दूसरों के बोध तथा अपनी सीमाओं में विनम्रता के लिए, बहुल दृष्टिकोणों को गहरी सहानुभूति प्रदान कर सकते हैं।

इस प्रकार, जैन धर्म में तर्कशीलों ने ज्ञान के बारे में ये नियम नियत किए हैं:

1. एक दृष्टिकोण से, कुछ 'है'।
2. एक दृष्टिकोण से, 'कुछ नहीं है'।
3. एक दृष्टिकोण से, कुछ 'है' और 'कुछ नहीं है'।
4. एक दृष्टिकोण से, कुछ ऐसा है जो 'अनिश्चित' / 'अव्यक्त' है।

5. एक दृष्टिकोण से, कुछ 'है' और कुछ ऐसा है जो 'अनिश्चित'/'अव्यक्त' है।
6. एक दृष्टिकोण से, कुछ 'नहीं है' और कुछ ऐसा है जो 'अनिश्चित'/'अव्यक्त' है।
7. एक दृष्टिकोण से, कुछ 'है', कुछ 'नहीं है' और कुछ ऐसा है जो 'अनिश्चित'/'अव्यक्त' है।

ग्रीक दर्शन के विपरीत जैन अनुयायी चीज़ों को पूरी तरह से अस्तित्व में या फिर अस्तित्व के बिना नहीं मानते। फैसले सापेक्ष हो सकते हैं – वे कुछ निश्चित संदर्भों में सत्य हो सकते हैं और परम नहीं होते – उन्हें उनके प्रतिबंधी किरदार के साथ ही पेश किया जाना चाहिए। इस तरह 'विशुद्ध पहचान' की अवधारणा – भले ही जाति, धर्म या लैंगिक वरीयता ही क्यों न हो – उन्हें नकारा जाता है क्योंकि ये बहुलता को अस्वीकृत करते हैं। असंख्य गुणों, भाव प्रकट करने के तरीकों, आकारों व दूसरी वस्तुओं के साथ अपने संबंधों में न तो पूरी तरह से निश्चित और न ही पूरी तरह से सार्वजनीन होते हैं। ये इन दोनों का मिश्रण हैं, इसी विभिन्नता और समानता में इनकी पहचान बसी होती है।

यही ज्ञान मीमांसा निरंतर एक नीतिगत ढांचा तैयार करती है जो अहिंसा को आचार का केंद्रीय गुण बनाए रखता है। यदि कोई विरोधी मतों में सत्य की संभावना को ग्रहण करता है तो हिंसा, संघर्ष और दमन को मिटाया जा सकता है।

सार–संक्षेप

हालांकि जैन धर्म किन्नरों की पहचान या समलैंगिकता के बारे में स्पष्ट तौर पर अधिक नहीं कहता, यह शारीरिक आवेगों के विषय में, समलैंगिकों और विपरीतलिंगकामियों को एक बराबर ही मानता है। ऐसा इसलिए है

क्योंकि जैन धर्म अपने ध्यान को दूसरी ओर लगाना बेहतर मानता है। वह चाहता है कि हम भौतिक और अस्थायित्व से हट कर स्थायी और आध्यात्मिक की ओर जाएँ ताकि मोक्ष पाया जा सके। इस तरह यह सजीवों की पहचान, जाति, वंश, लैंगिकता व धर्म से परे जाते हुए, अहिंसा व समानता को अपना समर्थन देता है।

इस तरह मूल रूप से, जैन ज्ञानमीमांसा में अहिंसा का भाव, इसके तत्वमीमांसक महत्त्व के समानांतर है: निश्चितता व अधिकार के दावों पर संदेहवाद तथा बौद्धिक विनम्रता का पक्ष लिया जाता है। जैन दर्शन का यह लक्षण ही उसे विविधता, बहुलता व किन्नरों के यथार्थ के प्रति और अधिक स्वीकार्य बनाता है।

४

सिख धर्मः सभी मनुष्य एक समान हैं

सुखदीप सिंह

- गुरु नानक के विषय में
- गुरु गोबिंद सिंह और खालसा की स्थापना
- सिख धर्म के प्रमुख सिद्धांत
- सिख धर्म में लिंग समानता
- हलीमी राजः शासन प्रणाली का सिख मत
- विपरीतलिंगी मसले और सिख धर्म
- सिख धर्म के संदर्भ में
- सिख धर्म और विवाह
- किन्नरों के प्रति आधुनिक सिख प्रतिक्रिया
- सिख धर्म व पंजाबी संस्कृति
- निष्कर्षः एक संभावित मार्ग

इस चित्र में दिखाया गया है कि गुरु नानक बग़दाद में एक पारलिंगी वेशधारी सूफ़ी पीर शेख़ सर्राफ़ के साथ वार्तालाप कर रहे हैं।
(स्त्रोतः बी 40 जनमसाखी – एक मौखिक इतिहास जो गुरु नानक जी के जीवन की कथाएँ सुनाता है, इसे उनके जाने के अनेक वर्षों बाद संजोया गया।)

सिख धर्म, भारत के सबसे नवोदित धर्मों में से है, जिसकी स्थापना पंद्रहवीं सदी में गुरु नानक ने की। वह समय पूरे उपमहाद्वीप में राजनीतिक दृष्टि से उथल–पुथल से भरा था। मध्य एशिया की ओर से दक्षिण एशिया में मुगल आक्रमण पक्के तौर पर रूपांतरण लाने वाला था। इसी संदर्भ में, उपमहाद्वीप के देसी लोगों का हिंदू धर्म और हमलावरों का इस्लाम धर्म मूल रूप से आपस में टकराए। ऐसे ही संघर्ष के दौरान सिख धर्म का उदय हुआ।

सिख धर्म में धर्मशास्त्र की दृष्टि से शिक्षाएँ, पद व गुरु नानक सहित दस गुरुओं का चिंतन–मनन शामिल है। दसवें सिख गुरु – गुरु गोबिंद सिंह ने एक पवित्र ग्रंथ में सात सिख गुरुओं – गुरु नानक, गुरु अंगद, गुरु अमर दास, गुरु राम दास, गुरु अर्जन, गुरु तेग बहादुर और गुरु गोबिंद सिंह की रचनाओं के अलावा तत्कालीन हिंदू और मुसलमान संतों और कवियों की रचनाओं को शाामिल किया। इस ग्रंथ को 'गुरु ग्रंथ साहिब' के नाम से जाना जाता है।

गुरु गोबिंद सिंह ने सिखों को निर्देश दिया कि वे ग्रंथ साहिब को ही अपना आध्यात्मिक गुरु मानें और इस तरह उन्होंने जीवित सिख गुरु को पूजने और मानने की परंपरा का अंत कर दिया। इस तरह, गुरु ग्रंथ साहिब को सिखों के ग्यारहवें गुरु का दर्जा दिया जाता है।

भारतीय धर्मों में सिख धर्म अनूठा है क्योंकि यह एकेश्वरवादी है। 'एक ओंकार' का अर्थ है, 'ईश्वर एक है।' यही सिख धर्म के सिद्धांतों का मूल है। सिखों का ईश्वर निराकार व अमर है। वह किसी से घृणा या बैर नहीं रखता। गुरु ग्रंथ साहिब में सबसे पहले मूल मंत्र आता है जिसमें ईश्वर के बारे में लिखा है:

एक ओंकार सत नाम करता पुरख निरभउ निरवैर
अकाल मूरत अजूनी सैभं गुर प्रसाद

ईश्वर एक है। उसका नाम ही सच है। वही सबको बनाने वाला है। उसे कोई भय नहीं। उसे किसी से बैर नहीं है। वह निराकार, जन्म और मरण से दूर, अपनी सत्ता कायम रखने वाला है और गुरु से प्राप्त है।[1]

गुरु नानक के विषय में

सिख धर्म के संस्थापक, गुरु नानक का जन्म 1469 में तलवंडी गाँव (अब ननकाना साहिब) में हुआ जो वर्तमान में पाकिस्तान में है। उनके माता–पिता – मेहता कालू ओर तृप्ता देवी – हिंदू थे और क्षत्रिय जाति से संबंध रखते थे।[2]

नानक अल्पायु से ही जिज्ञासु थे और प्रायः हिंदू धर्म के रीति–रिवाज़ों के महत्त्व पर सवाल किया करते। जब वे नौ वर्ष के थे तो उनके पिता ने एक पंडित को बुलवाया ताकि हिंदू संस्कारों के अनुसार उन्हें जनेऊ धारण करवाया जा सके। नानक ने जनेऊ पहनने से मना कर दिया। उनका तर्क था कि इस अनुष्ठान में निम्न जाति वालों के साथ भेदभाव बरता जाता था और स्त्रियों को भी पवित्र जनेऊ धारण करने की मनाही थी।[3] इसके अलावा, उन्होंने यह भी देखा कि वह धागा तो मरने के बाद, उनकी देह के साथ ही जल जाता है इसलिए वह उन्हें मृत्यु के बाद किसी प्रकार का लाभ नहीं देगा। उस बालक का कहना था कि परमात्मा का सच्चा नाम जपना ही एकमात्र ऐसा पवित्र धागा है जो कभी नहीं टूटता और परमात्मा के दरबार में उसे उतारा नहीं जाएगा।

ना–ए–माणिए पत्त, उपजई सलाही सच्च सुत्त
नाम में भरोसा रखो। मान पाया जा सकता है।
प्रभु का नाम ही सच्चा पवित्र धागा है।

दरगेह अंदर पाईया तग न टुटस पुत्त।
ऐसा सच्चा धागा, प्रभु के दरबार में पहना जाता है; यह कभी नहीं टूटेगा।[2,3]
–आसा दी वार (गुरु ग्रंथ साहिब, पृष्ठ 471)

ठीक इसी तरह, गुरु नानक आजीवन कर्मकांडों के खिलाफ़ आवाज़ उठाते रहे और परमात्मा की प्रकृति पर ध्यान रमाने पर बल देते रहे। एक बार, बारह वर्ष की आयु में वे पास की एक नदी में स्नान करने गए। वे कई दिन तक नदी से बाहर नहीं आए और न ही उनका कोई अता–पता मिला। तीन दिन बाद, जब वे अपने घर लौटे तो उन्हें ज्ञान प्राप्त हो चुका था, और उन्होंने कहाः 'न कोई हिंदू न मुसलमान।' जिसका अर्थ था कि सभी मनुष्य एक समान हैं और मनुष्यों को धर्म के आधार पर विभाजित नहीं करना चाहिए।[4] भाईचारे और समानता का यह भाव ही सिख धर्म का बुनियादी नियम बना।

गुरु नानक ने सिख धर्म के जिन तीन स्तंभों की स्थापना की, वे इस प्रकार हैं:

नाम जपनाः प्रभु के नाम पर ध्यान लगाना। प्रतिदिन गुरुओं के पदों का जाप किया जाता है और अपनी सोच और करनी में भी उन्हें याद किया जाता है।

कीरत करनीः एक ईमानदार और सच्चाई से भरपूर जीवन जीना।

वंड चखनाः वंड यानी आपस में बाँटना और चखना यानी खाना। सिखों को सलाह दी जाती है कि वे अपनी संपन्नता भी दूसरों के साथ बाँटें। इस तरह, पूरे समुदाय के साथ अपनी संपन्नता को बाँटना भी सिख धर्म का अनिवार्य हिस्सा माना जाता है।

गुरु गोबिंद सिंह और खालसा की स्थापना

गुरु नानक के बाद नौ गुरु और हुए, जिनमें से गुरु गोबिंद सिंह अंतिम थे। उनका जन्म गुरु तेग बहादुर के घर, गोबिंद राय के रूप में हुआ। उन्होंने खालसा पंथ की स्थापना करते हुए, सिख धर्म को उसका वर्तमान स्वरूप प्रदान किया।

गुरु गोबिंद सिंह ने सिखों को योद्धा समुदाय बना दिया और इस बात पर बल दिया कि उन्हें अल्पायु से ही अस्त्र–शस्त्र चलाने का प्रशिक्षण लेना चाहिए। उन्होंने सिखों को मुगल अन्याय के ख़िलाफ़ हथियार उठाना सिखाया। उनके अपने शब्दों में, जो कि 'ज़फ़रनामा' नामक फ़ारसी कविता में लिखे हैं:

जब सब आज़माने के बाद भी
न्याय कहीं न दिखे।
तब तलवार उठाना ही जायज़ होता है
तब युद्ध करना ही उपयुक्त होता है।

इस तरह संत–सिपाही की अवधारणा का जन्म हुआ। सिखों को सिंह (पुरुषों के लिए सिंह) और स्त्रियों को कौर (स्त्रियों के लिए, सिंहनी) संबोधन दिया गया।

तभी से, सिख धर्म में दीक्षित सिक्खों के लिए ये पाँच चीजें अपनाने की हिदायत दी गई। ये हैं: केश, कंघा, कड़ा, कच्छा और किरपाण।

सिख धर्म के प्रमुख सिद्धांत

समानता और समावेश को सिख धर्म के प्रमुख सिद्धांतों में से एक माना जा सकता है। सिखों का मानना है कि परमात्मा एक ही है और सभी

इंसान उसके लिए समान हैं। यह मान्यता केवल जाति, वर्ग या धर्म के आधार पर ही नहीं बलिक लिंग, विश्वास, अभ्यास और पहचान तक भी जाती है। सेवा भी एक प्रमुख सि्धांत है यानी दूसरों की निःस्वार्थ भाव से सेवा करना।

इसके अलावा, सिख धर्म सदा गृहस्थ के विवाहित जीवन को प्रोत्साहित करता है। यह लोगों को समाज में मिल कर रहने और जीने के लिए प्रेरित करता है। सिख गुरुओं ने कभी परित्याग, ब्रह्मचर्य या ब्रह्मचारी जीवन को प्रश्रय नहीं दिया।

सिखों को पाँच दुगुर्णों से अपनी रक्षा करने को कहा गया हैः वे हैं, काम, क्रोध, लोभ, मोह और अहंकार।

सिख धर्म में लिंग समानता

सिख धर्म में हर प्रकार से स्त्रियों को पुरुषों के समकक्ष माना जाता है। सिख धर्म में महिलाओं को किसी भी प्रकार की सामाजिक या धार्मिक गतिविधि से दूर नहीं रखा जाता और वे सभी रीति–रिवाजों में हिस्सा ले सकती हैं। सिख गुरुओं ने उन सभी अभ्यासों को त्याग कर मिसाल कायम की, जिनमें स्त्रियों को शामिल नहीं किया जाता था या समान भाव से नहीं देखा जाता था।

गुरु नानक ने यह भी कहा कि रजस्वला स्त्रियों को अशुद्ध नहीं माना जाना चाहिए।

> औरत से ही मर्द जन्मा है; औरत के भीतर ही मर्द उपजता है; औरत से ही संबंध रखता और उसे ब्याहता है।
>
> स्त्री उसकी मित्र बनती है और भावी पीढ़ियों को जन्म देती है। जब उसकी स्त्री मर जाती तो वह अपने लिए दूसरी स्त्री की चाहना करता है। वह सदा स्त्री से बँधा है।

तो स्त्री को बुरा क्यों कहा जाए? उससे ही राजाओं का जन्म होता है। स्त्री से ही स्त्री का जन्म होता है; स्त्री के बिना कहीं भी, कुछ भी नहीं रहेगा।

–राग आसा महल 1, पृष्ठ 473, गुरु ग्रंथ साहिब

तत्कालीन महिलाओं के लिए ये शब्द प्रगतिशील थे और इसी परिवेश से सिख धर्म उभर कर सामने आया। गुरु अमर दास ने स्त्रियों की दशा सुधारने की दिशा में काम किया। उन्होंने पर्दा प्रथा की निंदा की जिसके अनुसार स्त्रियों को सार्वजनिक तौर पर पुरुषों से अपना चेहरा ढक कर रखना पड़ता था। इसके अलावा सती प्रथा की भी निंदा की जिसके अनुसार एक स्त्री को अपने मृतक पति की चिता के साथ ही जला दिया जाता था। गुरु अमर दास ने विधवा विवाह और उनके पुनर्वास की हिमायत की।

गुरु अमर दास ने 146 व्यक्तियों की नियुक्ति की ताकि वे सिख धर्म के संदेश का प्रचार और प्रसार कर सकें ; उनमें से बावन स्त्रियाँ थीं। गुरु ने सिख धर्म के प्रसार के लिए बाईस मंजियों (मिशनरियों) की स्थापना की जिनमें से चार स्त्रियाँ थीं

मंजियों की तरह, उन्होंने पीरी प्रथा भी लागू की, जिनमें दूसरी स्त्रियों के बीच गुरु के संदेश का प्रचार और प्रसार करने के लिए स्त्री नेताओं की नियुक्ति की जाती थी। लंगर भी अपनी तरह का एक योगदान रहा जिसमें वे सबके साथ समान भाव से पेश आते। यहाँ जाति, धर्म और किसी भी तरह का सामाजिक भेदभाव नहीं रखा जाता था। लंगर के दौरान, सभी जातियों के स्त्री और पुरुष एक–दूसरे के साथ बैठ कर भोजन ग्रहण करते। इस लंगर प्रथा ने प्रतीकात्मक तौर पर, सीमाओं का विलय करते हुए, समाज के अनुक्रम को तोड़ा और समानता की स्थापना की।

जब गुरु गोबिंद सिंह ने खालसा की स्थापना की, तो स्त्रियों को भी अमृत चखा कर, सिख धर्म में दीक्षित किया गया। तभी से अमृत चखने वाली औरतें अपने नाम के साथ कौर लिखती हैं, इस तरह वे अपने पति के जाति नाम से मुक्त रहती हैं। स्त्रियों को अस्त्र–शस्त्र चलाने की शिक्षा भी दी जाती थी। यही कारण था कि सिख समुदाय की अनेक स्त्रियाँ योद्धा के तौर पर सामने आईं।

हलीमी राजः शासन प्रणाली का सिख मत

वैसे तो सिख गुरु और उनकी सारी शिक्षाएँ आध्यात्मिक हैं जो एक ईमानदार जीवन जीते हुए परमात्मा से जुड़ने के उपाय सिखाती हैं। इसके अलावा ये संदर्भ भी मिलते हैं कि एक आदर्श राज्य व्यवस्था कैसी होनी चाहिए।

सिखों के पाँचवें गुरु, गुरु अर्जुन देव ने कुछ पद रचे हैं जो बताते हैं कि गुरुओं के अनुसार संसार कैसा होना चाहिए।

> अब दयालु प्रभु की मेहर हो गई है
> अब कोई किसी का पीछा नहीं करेगा और किसी पर हमला नहीं होगा।
> सभी एक ही स्नेह के सूत्र में बँध कर शांति से रहेंगे। ।।13।।

यह समानता और शांति से भरा ऐसा संसार होगा जिसमें कोई भी, किसी को अकारण नहीं सताएगा या कष्ट नहीं देगा। गुरु अर्जुन देव करुणा और स्नेह के नियम की बात करते हैं। सिख मत की शासन प्रणाली में किन्नर जीव कहीं अधिक आराम और सुरक्षा पा सकते हैं।

विपरीतलिंगी मसले और सिख धर्म

सिख धर्म की शिक्षाओं के अनुसार हर जीवित व्यक्ति की एक आत्मा होती है। जिस प्रकार जल की बूँदें सागर से अलग हो जाती हैं। उसी प्रकार आत्मा भी परमात्मा से अलग हो गई है। परमात्मा की तरह, आत्मा भी लिंग और आकार से परे है।

अगर कोई मन ही मन प्रभु को सिमरता है, सिख धर्म के अनुसार जीवन जीते हुए, गुरुओं के दिखाए रास्ते पर चलता है तो उस मरने के बाद मोक्ष मिल सकता है यानी उसकी आत्मा परमात्मा में लीन हो जाएगी। अन्यथा, आत्मा को फिर से चौरासी लाख योनियों में जन्म लेना होगा। तब कहीं जा कर फिर से मनुष्य का जन्म मिलेगा ताकि कर्मों का भार उतार कर, परमात्मा से मिलन किया जा सके।

सारी सृष्टि में एक सी आत्मा है इसलिए ट्रांसजेंडर यानी विपरीतलिंगी को भी तात्विक दृष्टि से दूसरे इंसानों से अलग नहीं माना जा सकता। कोई भी गुरुओं के दिखाए रास्ते पर चल कर मोक्ष पा सकता है।

> परमात्मा ने ही वह प्रकाश रचा जिससे सभी जीवन जन्मे। और इसी नूर से यह सारा संसार उपजा है; तो इसमें कौन भला है और कौन मंदा? सृष्टि कर्ता में समाई है। और कर्ता सृष्टि में समाया है।

सिख धर्म में बार–बार इसी बात पर बल दिया जाता रहा है कि सारी सृष्टि में दिव्यता का वास है। उदाहरण के लिए, एक बानी में कहा गया है कि परमात्मा ने कुदरत में अपने रूप को प्रकट करने के लिए ही पूरी तरह से विविधता को प्रकट किया है।

माटी एक सी है पर सिरजनहार ने उसे अलग–अलग तरह
से ढाला है।
माटी के पात्र में कुछ बुरा नहीं और न कुम्हार में कोई दोष है।

कर्ता ने ही सबको अलग–अलग तरह से रचा है। यह अंतर, जाति, वंश, रंग, लिंग, भौतिक लक्षणों और यौन अनुकूलन के आधार पर हो सकता है। कोई भी व्यक्ति देख सकता है कि सिख धर्म में किसी भी विशेष लिंग या यौनिकता की निंदा करने की बजाए सभी व्यक्तियों की समानता स्थापित करने पर बल दिया गया है।

हालांकि, सिख धर्म में, हिंदू धर्म की तरह किन्नरों से समागम या लैंगिक परिवर्तन के प्रसंग नहीं मिलते। किन्नरों के प्रति सिख धर्म के रवैए को, उनकी शिक्षाओं की व्याख्या तथा गुरुओं के जीवन में घटी घटनाओं के आधार पर ही जाना जा सकता है। मध्ययुग में मुगलों के राज्य संरक्षण में पनपने वाले ज्वलंत हिजड़ा समुदाय के अस्तित्व के बावजूद किन्नरों के जीवन से जुड़े संदर्भों की कमी पाई जाती है।

हालांकि, एक ऐसी कथा मिलती है जिसमें गुरु नानक के साथ एक ऐसे सूफ़ी पीर की भेंट का वर्णन आता है जो किसी स्त्री की तरह वस्त्र पहनते थे। यह प्रसंग जनमसाखी में आता है, जिसमें गुरु नानक के जीवन की सभी घटनाओं को, उनकी मृत्यु के अनेक वर्षों बाद संजोया गया। ये प्रसंग सिखों के इतिहास तथा धर्मशास्त्र में बहुत महत्त्व रखते हैं, इन्हीं प्रसंगों के माध्यम से गुरु के जीवन, कार्य तथा शिक्षाओं के बारे में लोगों को पता चला। जनमसाखियों को प्राथमिक तौर पर ऐतिहासिक दस्तावेज़ नहीं माना जाता परंतु इनमें वे सभी सामाजिक और सांस्कृतिक मिथक शामिल हैं जो कई वर्षों में उभरे ओर जिनमें गुरु के जीवनकाल में हुए चमत्कारों का विवरण भी मिलता है।

बी 40 जनमसाखी में गुरु नानक के जीवन के अनेक प्रसंग मिलते हैं, इनमें से एक प्रसंग में उनकी और एक सूफ़ी संत शेख़ सर्राफ़ की भेंट का वर्णन भी मिलता है।

गुरु नानक की बग़दाद यात्रा के दौरान, उनकी भेंट एक ऐसे सूफ़ी पीर से हुई जिसने सोलह सिंगार किए हुए थे (अक्सर स्त्रियाँ पारंपरिक तौर पर अपने प्रेमी को रिझाने के लिए सोलह सिंगार करती हैं।) उसने स्त्रियों की पोशाक के अलावा हर प्रकार के आभूषण पहने हुए थे। आँखों में अंजन लगाया हुआ था और हाथ हिना के रंग से लाल थे। वह बाज़ार में गज़लें गाता और उसके आसपास लोगों की भीड़ जमा हो जाती।' गुरु ने शेख़ से पूछा कि उसने ऐसे वस्त्र क्यों पहन रखे थे। यह सुन कर उसने उत्तर दिया कि उसे अब तक अपने प्रीतम के दर्शन नहीं हुए इसलिए उसने तय किया कि अब से वह वधू के वेश में ही रहेगा। गुरु ने देखा कि प्रभु ही सबसे प्यारा प्रीतम है, जिसके लिए बाहरी साज–सज्जा और पोशाक कोई मायने नहीं रखते। अगर किसी इंसान ने अंसख्य जन्मों के पाप कमाए हों, और मालिक की इच्छा हो, तो वे उससे मिलते हैं जिसने सत्य को जान लिया हो, इस तरह वह मनुष्य बच जाता है। मालिक जो चाहता है, वही करता है।'[5]

और इस तरह, गुरु और शेख़ के बीच दैवीय प्रकृति के बारे में चर्चा होती रही। कहते हैं कि उन्होंने एक–दूसरे के लिए गज़लें और पद भी गा कर सुनाए। यह गाथा भले ही ऐतिहासिक महत्त्व न रखती हो, परंतु गुरु नानक ने पारलिंगी वेशधारी सूफ़ी से भेंट होने पर जिस सहजता और स्वीकृति का संकेत दिया, वह छिपा नहीं है।

सिख संदर्भ में किन्नर

एक सिख को पाँच 'ककारों' का पालन करना होता है जिनमें से 'केश' को बहुत महत्त्व दिया जाता है। एक सिख के लिए अपने केश कटाने

की मनाही होती है क्योंकि एक मनुष्य का शरीर अपने प्राकृतिक रूप में, ईश्वर का उपहार माना जाता है। इस प्रकार, आत्म–स्वीकृति को सिख धर्म का मूल माना जा सकता है।

अन्य चार 'क' के अलावा केशों से सिखों को एक अनूठी पहचान मिलती है। पाँच 'क' और दस्तार यानी पगड़ी से सिख अलग ही खड़ा दिखाई देता है। गुरु गोबिंद सिंह ने खालसा पंथ की नींव रखते हुए, सिखों को पंच 'ककारों' का पालन करने को कहा। वे एक ऐसे निर्भीक समाज की रचना करना चाहते थे जो भीड़ में छिपने की बजाए, सीना तान कर सबके सामने आए और पूरे गर्व से अपनी पहचान जता सके।

किन्नरों द्वारा व्यक्तिगत रूप से आत्म–स्वीकृति के लिए संघर्ष करना और अपनी पहचान से समझौता करने का आश्य पूरी तरह से स्पष्ट है। लैंगिक या लिंग से जुड़ी पहचान, मनुष्य की वास्तविकता के ऐसे विषय हैं, जो ईश्वर के अधीन हैं। सिख धर्म सिखाता है कि मनुष्य स्वयं को उस संपूर्ण परमात्मा की रचना के तौर पर जाने। इस प्रकार कोई तर्क दे सकता है कि अपनी लैंगिकता को स्वीकार करना भी, परमात्मा के बनाए रूप व आकार को मान और पहचान देने के बराबर है।

इसके अलावा, सिख धर्म ने लैंगिकता को सदा ईश्वर के साथ एक होने की राह में बाधा के तौर पर नहीं देखा। सिख धर्म में सदा किसी संन्यासी के जीवन की अपेक्षा गृहस्थ के जीवन को महत्त्व दिया जाता है। विवाह और परिवार को समाज की बुनियाद माना जाता है। गुरुओं द्व ारा लैंगिकता की इस स्वीकृति के बल पर ही उन्होंने गृहस्थ जीवन का प्रचार किया, कुछ अन्य धर्मों में गृहस्थ जीवन को मोक्ष प्राप्ति की राह में बाधा माना जाता है।

सिख धर्म और विवाह

सिख धर्म में होने वाले विवाह में विवाह करने वाले व्यक्तियों के लिंग को सुनिश्चित नहीं किया गया। इसकी बजाए, यह माना जाता है कि विवाह मनुष्य की आत्मा तथा परमात्मा के मिलन का प्रतीक है। इसे आनंद कारज कहा जाता है। इस आनंदमयी संयोग में शादी करने वाला जोड़ा गुरु ग्रंथ साहिब के आसपास चार चक्कर लगाता है, पृष्ठभूमि में लावां के लिए रचे गए पद गाए जाते हैं।

लावां के चार पद, चौथे सिख गुरु राम दास ने लिखे थे। इन पदों में मनुष्य की आत्मा को वधू तथा परमात्मा को वर के रूप में दर्शाया गया है। इन पदों के अनुसार आत्मारूपी वधू के जागरण के चरणों का वर्णन है जो आध्यात्मिक तौर पर अपने दिव्य वर के साथ एकात्म होने को आगे बढ़ रही है ताकि उसे अपने दिव्य गंतव्य तक जाने में मदद मिल सके।[6]

वे चार पद हैं:

> विवाह समारोह के पहले फेरे में, प्रभु आपको वैवाहिक जीवन के लिए निर्देश देते हैं। रीति–रिवाज़ों को यूँ ही अपनाने की बजाए, धर्म के उचित पथ को अपनाओ और ऐसा कुछ न करो जो तुम्हें तुम्हारे रब से दूर कर दे। प्रभु के नाम पर ध्यान करो। सिमरन को अपनाओ और अभ्यास करो – अपनी सच्ची पहचान का निरंतर स्मरण करो। गुरु की पूजा और प्रार्थना करो, संपूर्ण सच्चे गुरु और तुम्हारी सारी पिछली भूलें बक़्शी जाएँगी। अपनी महान नियति के बल पर, तुम उस आनंद को जानोगे जा सारी समझ से परे है, और प्रभु – हर, हर तुम्हारे लिए मीठा नाम हो जाएगा। दास नानक कहते हैं कि इस पहले फेरे में, विवाह का संस्कार आरंभ होता है।

विवाह समारोह के दूसरे फेरे में, रब तुम्हें सच्चे गुरु – उस एक गुरु से मिलने का मार्गदर्शन देते हैं। उस अनंत के विस्मय से भर कर, तुम्हारा अहं तिरोहित हो जाता है। उस एक और विशुद्ध रूप से विस्मित हो कर, उसका अद्भुत गुणगान करो और सबमें उसी परमात्मा की छवि के दर्शन करो। प्रभु – सर्वोच्च प्रभु – वे ही इस ब्रह्माण्ड के स्वामी हैं। वे ही चारों ओर, हर जगह छाए हैं। अपने भीतर और अपने चारों ओर, बस उस एक परमात्मा को देखो। ईश्वर के विनीत दास एक साथ मिल कर आनंद मग्न हो कर गाते हैं। दास नानक कहते हैं कि इस दूसरे फेरे में ग्रहों का संगीत गूँज उठा है।

विवाह समारोह के तीसरे फेरे में, तुम्हारा हृदय दिव्य प्रेम से भरा है। यह मेरा सौभाग्य है कि मेरी भेंट विनीत संतों से हुई जो प्रभु को प्रेम करते थे और इस तरह मैंने प्रभु को पा लिया। मैंने उस सच्चे प्रभु को पा लिया और उसकी महिमा का गुणगान करता हूँ। मैं गुरुओं की बानी गाता हूँ। यह मेरा सौभाग्य है कि मैंने विनम्र संतों को पा लिया और मैं उस अनंत की मौन भाषा में बोल रहा हूँ। प्रभु का नाम – हर, हर, हर – मेरे हृदय में स्पंदित और प्रतिध्वनित होता है। उस परमात्मा पर ध्यान लगाते हुए मैंने अपने माथे पर लिखी नियति को जान लिया है। दास नानक कहते हैं कि इस तीसरे फेरे में, हृदय उस परम प्रभु के दिव्य प्रेम से भर उठा है।

विवाह समारोह के चौथे लावां फेरे में मैंने प्रभु को पा लिया है और मेरा मन शांति से भरपूर हो गया है। एक गुरमुख की तरह जीते हुए, मैंने उसे आसानी से पाया है। मेरा मन और शरीर मीठे आनंद से भर गए हैं। मैं प्रभु के प्रति आनंदित हूँ – दिन और रात, मैं पूरे स्नेह के साथ उन पर अपना ध्यान

एकाग्र करता हूँ। मैं सबके साथ, उस एक में विलीन हो गया हूँ और मेरी सारी इच्छाओं की पूर्ति हो गई है। प्रभु का नाम मेरे भीतर गूँज रहा है। वही मेरे आसपास स्पंदित है। एक प्रभु, मेरे स्वामी और मालिक, अपनी दिव्य वधू के साथ एकरूप हो गए और उसका ह्रदय उनके पवित्र नाम से धन्य हो उठा। दास नानक कहते हैं कि इस चौथे फेरे में, हम उस अनंत प्रभु के साथ एकलीन हो गए हैं।

यह ध्यान दें कि लावां में मनुष्य की आत्मा (वर व वधू दोनों) को स्त्रैण सर्वनाम दिया गया है। इस प्रकार सिख विवाह लिंग के प्रति तटस्थ हो जाता है और दोनों लिंगों के प्रति एक समान व्यवहार करता है।

किन्नरों के प्रति आधुनिक सिख प्रतिक्रियाएँ

दुर्भाग्यवश भारत में सिख नेतृत्व किन्नरों के प्रति असहज रहा है। जब भारत के सुप्रीम कोर्ट ने भारतीय दंड संहिता की धारा 377 के अधीन समलैंगिकता को गैर–कानूनी घोषित किया, तो कई धर्मों के नेताओं ने इस फैसले को सराहा और मिल कर भारत सरकार के खिलाफ़ एक वक्तव्य जारी करते हुए कहा वह भारत में समलैंगिकता को कानूनी जामा न पहनाए। इस अपील पर हस्ताक्षर करने वालों में से, ज्ञानी रंजीत सिंह भी एक थे, जो नई दिल्ली में बंगला साहिब गुरुद्वारा के प्रधान पद पर हैं।[7]

हालांकि यह कोई अपवाद नहीं था। सिख धर्म की आध्यात्मिक और प्रधान सत्ता, अकाल तख्त लगातार समलिंगी विवाहों का विरोध करती आई है। 2005 में, जब कनाडा की संसद ने देश में समलिंगी विवाह को कानूनी क़रार करने के लिए बिल पास किया तो अकाल तख्त के प्रधान अध्यक्ष, जत्थेदार जोगिंदर सिंह वेदांती ने कनाडा के सिखों से कहा कि वे उस कानून का विरोध करें।[8]

2016 में, समलैंगिक स्त्री ओंटेरियो प्रीमियर कैथलीन वेन अमृतसर के स्वर्ण मंदिर में दर्शन के लिए आईं। वे सार्वजनिक तौर पर समलिंगी विवाह की हिमायत करती हैं। स्वर्ण मंदिर सिख धर्म का सबसे पवित्र स्थान माना जाता है। तब स्वर्ण मंदिर की प्रधान कमेटी ने तय किया कि समलिंगी विवाह पर उनकी राय को देखते हुए, उन्हें सम्मानसूचक सिरोपा (चोगा) भेंट नहीं किया जाएगा।[9]

हालांकि, अब पश्चिम में सिखों की संख्या तेज़ी से बढ़ रही है। अब कई एलजीबीटी सिख दल हैं जो उन्हें सबके बीच बाहर आ कर, अपनी वास्तविकता बाँटने और नेतृत्व के पदों के साथ अपने विश्वास को समायोजित करने में मदद करते हैं। सरबत (www.sarbat.net) यू.के. में एक एलजीबीटी दल है, जिसे सिखों के लिए बनाया गया है। उनके पास पूरी दुनिया में एलजीबीटी सिखों के लिए ऑनलाइन संसाधन अेर सूचना है। वे यू.के. के एलजीबीटी सिखों के लिए समय–समय पर स्थानीय भेंटवार्ता और इवेंट भी आयोजित करते रहते हैं।

सरबत के बैनर के अधीन एलजीबीटी सिखों ने, 2015 में यू.के. की गे प्राइड परेड में भी हिस्सा लिया था। ठीक इसी तरह, समलैंगिक सिखों की ओर से कई व्यक्तिगत प्रयास भी किए गए हैं ताकि समलैंगिकता और सिखधर्म के मसले को उठाया जा सके और एलजीबीटी सिखों को उनके परिवारों की ओर से समर्थन दिलाने में मदद की जा सके। एक यू.के. में रहने वाले सिख, मनजिंदर सिंह, आध्यात्मिकता और जीवनशैली पर वीडियो तैयार करता था। उसने अपनी माँ को इस मुहिम में शामिल किया। वे एक वीडियो में, पंजाबी में दूसरे माता–पिता से आग्रह करती दिखाई देती हैं कि उन्हें अपनी समलैगिंक संतान को स्वीकार करना चाहिए।

शेर वैंकूवर भी ऐसा ही एक कनाडा स्थित समूह है, जो दक्षिण एशियाई एलजीबीजीटीक्यू के लिए बना है। हालांकि इसकी शुरूआत, कनाडा के एलजीबीटी सिख सपोर्ट ग्रुप के तौर पर हुई थी पर जल्द ही यह दक्षिण एशियाई किन्नरों के लिए सहायक दल के तौर पर सामने आया।[10]

सिख धर्म और पंजाबी संस्कृति

सिख धर्म तथा इसके वर्तमान नेतृत्व के बीच किन्नरों के प्रति असहजता पर हुई चर्चा के दौरान, यह बहुत महत्त्व रखता है कि लोगों की लोक संस्कृति को सिख धर्म के सिद्धांतों से अलग रखा जाए।

सिख धर्म, उत्तर भारतीय राज्य पंजाब में फला—फूला और इसने उस राज्य के निवासियों के अनेक सांस्कृतिक पहलुओं को प्रभावित किया। किसी भी संस्कृति की तरह, पंजाबी संस्कृति से भी न केवल विश्वास के प्रमुख धार्मिक अभ्यासों की झलक मिलती है बल्कि इसमें वे पहलू भी शामिल हैं जो समय, सामाजिक नियमों आदि से प्रभावित हुए हैं। मिसाल के तौर पर, सिख धर्म में लिंगों के बीच असमानता तथा जाति प्रथा की पूरी तरह से अस्वीकृति के बावजूद, पंजाब प्रांत के लोगों में ये कमियाँ पाई जाती हैं। पंजाब भारत के उन राज्यों में से है जिनमें कन्या भ्रूण को उपेक्षित कर, लड़के के जन्म को वरीयता दी जाती है। एक और अभ्यास है जो सिख धर्म के उसूलों के बिल्कुल खिलाफ़ जान पड़ता है। स्त्रियों को अमृतसर के स्वर्ण मंदिर में पवित्र बानी गाने से मनाही की गई है। अधिकतर उत्तरी भारत की तरह, पंजाब भी बहुत गहराई से पितृसत्तात्मक समाज रहा है जो अक्सर स्वयं को अति—पुरुषोचित व्यवहार के साथ प्रकट करता है।

अकाल तख्त का नेतृत्व और गुरुद्वारा प्रबंधक कमेटी के सदस्य, इसी सांस्कृतिक परिवेश की देन हैं। इसने उनकी सिख शिक्षाओं को इस क़दर

रंग दिया है कि सिख धर्म का कोई भी ग्रंथ प्रत्यक्ष तौर पर किन्नरों से जुड़े यथार्थ को हल नहीं करता।

चेतना – एक संभावित समाधान

इस तरह, अभी यह देखना बाकी है कि यह अल्पवयी धर्म, कुछ ही सालों में इतना आगे कैसे आया। कर्म पर आधारित विश्वासों के बीच, समानता, सबको अपने साथ शामिल करने का गुण, शांति तथा आत्म–स्वीकृति इसकी पहचान के प्रमुख लक्षण रहे।

सिखों के नवें गुरु, गुरु तेग बहादुर, ने मुगल शासनकाल के दौरान पीड़ित अल्पसंख्यकों (हिंदुओं) के लिए अपने प्राणों का बलिदान कर दिया। इसकी कोई वजह दिखाई नहीं देती कि आज सिख धर्म, किसी दूसरे पीड़ित अल्पसंख्यकों के लिए खड़ा क्यों नहीं हो सकता। यह सिख पुरुषों और स्त्रियों के लिए बुनियादी पुकार है जो वीर सिंह और सिंहनियों की तरह सदा अन्याय का सामना करने को तैयार रहते हैं। कोई इस बात का तर्क दे सकता है कि शोषण का सामना करने की यह इच्छा, ऐसे भाव में बदली जा सकती है जो सिख धर्म में किन्नरों के जीवन की मर्यादा को सुनिश्चित करने के साथ–साथ उनके प्रति करुणा का भाव भी रखे।

एलजीबीटी सिखों के लिए कुछ ऑनलाइन संसाधनः

सरबतः www.sarbat.net

गे सिखः www.gaysikh.com

शेर वैंकूवरः www.shervancouver.com

गेलेक्सीः www.gaylaxymag.com/tag/sikhism/

५

हिंदू धर्मः ज्ञानी विविधता का मान करता है

जैरी जॉनसन
देवदत्त पट्टनायक और डॉ. मीरा बेंदुर से
मिली जानकारी के आधार पर

- हिंदू धर्म के प्रमुख नियम
- हिंदू धर्म में विविधता और किन्नर
- हिंदू धर्म में किन्नरों के प्रति असहजता
- हिंदू आस्था/संस्कृति/ग्रंथों के भाग के रूप में किन्नर
- एक नयी जागरूकता
- समलैंगिक पहचान के साथ सामने आना
- अस्वीकृति से उबरना
- निष्कर्ष

विश्वरूपः जो कुछ भी अस्तित्व में है, ईश्वर स्वयं को उसके पात्र और सामग्री के रूप में प्रकट करते हैं। भगवद् गीता पर आधारित यह छवि विविधता तथा ब्रह्माण्डीय दैवीयता के अनिवार्य हिंदू विषयवस्तु को प्रकट करती है (स्त्रोतः *विकीमीडिया कॉमन्स*)

हिंदू धर्म को विभिन्न विश्वासों की धाराओं के रूप में प्रस्तुत किया जा सकता है, जो पिछले चार हज़ार वर्षों के दौरान दक्षिणी एशियाई उपमहाद्वीपीय प्रांत में उत्पन्न और विकसित हुए। यह शब्द मूल तौर पर उन लोगों के भूगोल, नस्ल और संस्कृति का परिचायक था जो सिंधु नदी के आसपास या उससे परे रहते थे। समय के साथ–साथ, इसे उस जगह रहने वालों के धार्मिक विश्वास तंत्रों से भी जोड़ा जाने लगा। इनमें अनेक धार्मिक विश्वास तंत्र शामिल थे जैसे शैव धर्म, वैष्णव धर्म, शाक्त, श्रौत, स्मार्त, वेदांत, तंत्र, व भक्ति। इसके अतिरिक्त इनमें उन्नीसवीं सदी के उत्तरार्ध तथा बीसवीं सदी के आरंभ के अनेक सुधार व समकालीन आंदोलन भी शामिल थे जैसे आर्य समाज, रामकृष्ण मिशन, चिन्मय मिशन व इस्कॉन (इंटरनेशनल सोसायटी ऑफ़ कृष्णा कांशसनेस)

हालांकि ऐसा कोई एक या व्यापक सिद्धांत नहीं, जिसे सभी हिंदू मानते हों। हिंदू धर्म आपस में मिलते–जुलते विश्वासों तथा रीति–रिवाज़ों का एक नेटवर्क है। सबसे महत्त्वपूर्ण बात यह है कि इस धर्म में, किसी एक भगवान के लिए कोई एक थिओलॉजी संबंधी तंत्र नहीं है। हिंदू धर्म में ऐसा कोई अनूठा आधिकारिक ग्रंथ नहीं है जो अन्य पवित्र ग्रंथों को नकारता हो। इसके पास सभी हिंदुओं के लिए बुनियाद नियमों को लागू करवाने के लिए कोई पुरोहितों का आधिकारिक विद्यापीठ नहीं, और इसके पास दिव्यता की कोई इकलौती अवधारणा नहीं, जिसे सबने स्वीकार किया हो।

हालांकि इस बात पर बल देते हुए कह सकते हैं कि हिंदू धर्म को एक धार्मिक सिद्धांत की बजाए जीवन, मृत्यु, संसार व मानवीय संबंधों पर एक दार्शनिक ढाँचे के तौर पर बेहतर तरीके से समझा जा सकता है।

भारतीय दर्शन के विद्वान 'हिंदू धर्म' को दार्शनिक और तत्वमीमांसक विचारों के रूप में लेते हैं, जो कुछ सुनिश्चित हिंदू ग्रंथों के प्रति एक पाठ्यसंबंधी संपर्क रखते हैं। इनमें वेद, भगवद् गीता, रामायण, महाभारत

शामिल हैं और वे हिंदू धर्म को विस्तृत सिद्धांत के तौर पर मान्यता नहीं देते।

इस तरह हिंदू धर्म में ऐसे सिद्धांतों और मान्यताओं को शामिल किया जा सकता है जो असंख्य स्त्रोतों से निकली हैं – इनमें संतों की विचारधारा और ऋषियों के संवाद से ले कर काव्यमयी ध्यान व पवित्र मंत्र शामिल हैं। हिंदू दर्शन में नास्तिक विचारधारा को भी स्थान मिला है, जैसे चार्वाक और सांख्य, जो प्रत्यक्ष बोध, अनुभववाद, अनुमान व संदेहवाद आदि को मान्यता देते हैं।

हिंदू धर्म, सहस्राब्दियों से, समाज में घटने वाली घटनाओं के लिए ओजस्वी प्रत्युत्तरों के रूप में विकसित हुआ, यह पुरानी मान्यताओं के मिश्रण, विस्तार या अस्वीकृति के साथ फला–फूला। वैसे भी, यदि हिंदू धर्म को बनाने वाले विशाल ग्रंथों की संख्या तथा परंपराओं के स्त्रोतों को देखा जाए, तो पता लगता है कि इस उपमहाद्वीप में, समय, प्रांत और संस्कृतियों के कारण भी मान्यताओं और विश्वासों में कई तरह के उतार–चढ़ाव और उलझाव आए।

अंततः, हिंदू के लिए आध्यात्मिक अनुभव या अनुष्ठान सबसे अधिक महत्त्व रखता है। दरअसल इसका यह विश्वास है कि पदार्थ और आत्मा के जगत तक जाने के लिए अनुष्ठानों से हो कर गुज़रना होगा। यही वजह है कि हिंदू धर्म में अनेक सहस्राब्दियों से अनुष्ठानिक मंत्रों, वैदिक ऋषियों के श्लोकों तथा गुरुओं के उपदेशों की समृद्ध परंपरा चली आ रही है, जिन्हें लिखित रूप में नहीं बल्कि पवित्र समारोहों में मौखिक वाचन परंपरा द्वारा संप्रेषित किया गया।

अनेक वर्षों से, हिंदू धर्म निरंतर भारतीय उपमहाद्वीप में प्रवाहित होने वाली अन्य विचारधाराओं से भी अपना संबंध रखता आया है जैसे बौद्ध और जैन धर्म और फिर बाद में इस्लाम और ईसाई धर्म।

हिंदू धर्म के प्रमुख नियम

हिंदू धर्म को निरंतर सामंजस्य स्थापित करने वाले विश्वास तंत्र के रूप में समझा जाना चाहिए, जिसमें कुछ प्रमुख नियम हैं जो लगातार परस्पर प्रभाव छोड़ रहे हैं।

पुनर्जन्म

हिंदू तत्वमीमांसा मानती है कि ब्रह्माण्ड अद्वैत, अनंत और शाश्वत है। आत्मा अनंत काल में केवल अपना रूप बदलती है। हर जन्म के साथ, आत्मा एक नया रूप धारण करती हैः मनुष्य, अ–मनुष्य या पशु। इस प्रकार, मनुष्य, जो कि भौतिक रूप से आत्मा का सदेह रूप हैं, को बार–बार जन्म और मरण के चक्र से गुज़रना पड़ता है।

आत्मा के ये अंतहीन रूप और अनंत जीवनकाल ही संसार हैं, जिसका अर्थ है एक से दूसरे जीवन में भटकना, और अनिश्चितता व असहायता का भावात्मक अनुभव लेना।

हिंदू दर्शन के आरंभिक प्रमुख ग्रंथों में से एक, बृहदारण्यक उपनिषद में पुनर्जन्म के विचार पर विस्तार से चर्चा की गई है – आत्मा पर लिखा गया यह ग्रंथ अनुमानतः 700 ई.पू. में रचा गया।

> मृत्यु के बाद, आत्मा अगले लोक में जाती है, उसके भीतर अपने कर्मों की छाप बनी रहती है और अपने कर्मों की फसल काटने के बाद वह कर्म लोक में वापिस आ जाती है। इस प्रकार आत्मा निरंतर पुनर्जन्म में उलझी रहती है।
>
> – यजुर्वेद, बृहदारण्यक उपनिषद 4.4.6

कर्म

वह बल जो आत्मा को अनंत जीवनकालों तक आगे जाने को प्रेरित करता है, वह कर्म है। सादे शब्दों में, कर्म को क्रिया और परिणाम के नियम के तौर पर जाना जा सकता है, यदि पश्चिमी दर्शन के अनुसार कहें, तो इसे कारण–कार्य सिद्धांत के अनुसार समझा जा सकता है जो यह देखता है कि एक जीव कैसे कार्य करता है। हिंदू सूक्ष्म लोक अनंत है इसलिए आत्मा को इसके करणीय संबंध से ले जाने वाला फ़लक भी अनंत माना जाता है। इस प्रकार हिंदू धर्म 'प्रथम कारण' की अवधारणा को नकारता है।

हिंदू धर्म के अनुसार, आत्मा के पिछले जन्मों के कर्म ही अगले जन्मों में उसकी प्रवृत्तियों और दशाओं के तौर पर उजागर होते हैं। किसी भी करनी का फल अवश्य मिलता है, भले ही उस कार्मिक भार को उतारने के लिए असंख्य जीवन क्यों न लेने पड़ें। जब कर्मों का भार उतर जाता है या जब आत्मा की सच्ची प्रकृति समझ आती है और कर्म करने वाले 'मैं' का अलोप होता है, तभी जन्मों के चक्र से मुक्ति मिलती है और आत्मा दोबारा शरीर धारण नहीं करती। मुक्ति पाने की इस अवधारणा को ही मोक्ष कहा गया है।

धर्म

हिंदुत्व में धर्म की अवधारणा भी एक प्रधान सिद्धांत है, जो कर्म के विचार से कहीं गहराई से जुड़ी है।

धर्म को आप प्रसंग के आधार पर उचित व्यवहार अथवा उचित आचरण के तौर पर समझ सकते हैं, परंतु उसका अर्थ क्या होगा, यह सब काफ़ी हद तक व्यक्ति, संदर्भ तथा कर्मों के भार पर निर्भर करेगा। कर्मों के आधार पर होने वाले पुनर्जन्म से संचालित आत्मतत्वज्ञान में, कर्म और धर्म के नियमों का पारस्परिक प्रभाव जटिल है। सादगी को ध्यान में रखते हुए, यदि कर्म को कई जीवनकालों के लिए कारण–कार्य

सिद्धांत के प्रेरक बल के तौर पर जाना जाए तो धर्म को वर्तमान जीवनकाल में पहचान के नियम (आत्मा या जीव की अनिवार्य प्रकृति) के तौर पर जाना जा सकता है।

इस प्रकार, जीव जैसा होगा, वह उसी प्रकार आचरण करेगा। आत्मा का स्वरूप जैसा होगा, उसके कर्म भी उसी प्रकार होंगे।

यदि पादप और पशु जगत के संदर्भ में बात करें तो यह वास्तविकता का उचित निश्चयात्मक विवरण बन जाता हैः किसी भी पादप या पशु की प्रकृति ही उसके द्वारा किए जाने वाले कर्मों को तय करती है। इसे ही पादप/पशु के धर्म के रूप में जाना जाता है।

धर्म मनुष्य के लिए वही है, जो पादप या पशु के लिए सहज भाव है। हालांकि, मनुष्यों के पास कल्पना, क्रिया तथा मंशा होती है इसलिए एक व्यक्ति का निजी धर्म या उचित बर्ताव, उसके लिए नैतिक चुनाव, संदर्भ, विवेक तथा उद्देश्य का मामला हो जाता है। किसी व्यक्ति का धर्म या धार्मिक क्रिया अक्सर जटिलताओं और दुविधाओं में घिरा रहता है, जिसे धर्म संकट भी कहते हैं। दरअसल हिंदू विचारधारा का एक प्रमुख विवेक यह भी है कि एक सच्चे इंसान को धार्मिक जटिलातओं से जूझना ही होगा और इस योग्य होना होगा कि इन अनुभवों से नैतिक विवेक पाया जा सके। इसके विपरीत, संस्कृत में परम दैवीय तत्व को 'भगवान' कहा गया है, जिसे आप ऐसी सत्ता के रूप में जान सकते हैं, जिसके पास सारी जटिलताओं से परे अनंत विवेक है।

भगवान के विपरीत मनुष्य, बहुत ही सीमित बोध रखता है, यही विचार हिंदू धर्म के प्रमुख संदेश को समझने में बहुत महत्त्वपूर्ण हो सकता है। हालांकि किसी पादप या पशु के पास ऐसा कोई अवसर नहीं कि वह अपने कर्मों के भार को घटा सकता है या आत्मा की सच्ची प्रकृति को पहचान सकता है, मनुष्य को यह अधिकार मिलता है कि वह अपने धर्म को पहचाने और मोक्ष पाने के लिए उसके अनुसार ही कार्य करे।

पारंपरिक तौर पर, इसमें एक बालक, साथी, माता–पिता या जाति के सदस्य के तौर पर अपने कर्तव्य का निर्वाह करना भी शामिल हे। इसमें अपने जीवन से जुड़े सभी संस्कारों का पालन भी शामिल है जैसे विवाह करना, परिवार का पालन–पोषण करना, पारिवारिक व्यवसाय को बढ़ाना, बुर्जुगों का आदर करना और अपनी जाति, समुदाय, ग्राम, मुनियों, देवों तथा पूर्वजों के प्रति अपने कार्मिक ऋण को चुकता करना।

इन दिनों, धर्म को कुछ व्याख्याओं के अनुसार कर्तव्य और उचित आचरण के तौर पर भी लिया जाने लगा है; भारतीय संविधान में 'धर्म' शब्द को व्यक्ति विशेष के रिलीजन के तौर पर भी लिया गया है।

यज्ञ

हिंदू धर्म में एक और अनूठा लक्षण है, जिसे एक नियम नहीं कह सकते क्योंकि यह एक अनुष्ठान है। तीन हज़ार वर्ष से पूर्व, भारतीय उपमहाद्वीप के ऋषियों ने अग्नि से जुड़े अनुष्ठान, यज्ञ को वर्णित किया। समय के साथ–साथ मौखिक परंपरा से आगे बढ़ते हुए, वेदों में एक ऐसे अनुष्ठान का विवरण दिया गया जिसमें किसी देव को बुलाने के लिए अग्नि को भोग अर्पित किया जाता है ताकि देव हमारी मनोकामना की पूर्ति कर सकें।

यज्ञ के धार्मिक अनुष्ठान में कर्म और धर्म ने बहुत ही महत्त्वपूर्ण अर्थ पाया। कर्म को यज्ञ अनुष्ठान में क्रिया व प्रतिक्रिया, दोनों ही माना जाता है, जबकि धर्म को हिंदू व्यक्ति के कर्तव्य से जोड़ा जाता है जिसके अनुसार वह इस अनुष्ठान को पूरा करता है।

पश्चिमी विद्वानों ने इस वैदिक अग्नि अनुष्ठान को बलि भोग से जोड़ा – जिसमें देवों को प्रसन्न करने के लिए अग्नि को चढ़ावा दिया जाता है – ऐसा इसलिए हुआ क्योंकि यह सब बाइबिल की उन कहानियों से मिलता–जुलता था, जिनमें इब्राहीमी देव को प्रसन्न करने के लिए बलि भोग अर्पित किया जाता था।

हालांकि, माइथोलॉजिस्ट डॉ. देवदत्त पट्टनायक का कहना है कि इस अनुष्ठान को, सत्ताओं के बीच आदान–प्रदान या लेन–देन के तौर पर समझा जा सकता है। इस प्रकार ऋण की अवधारणा सामने आती है, जो मनुष्य को समाज और भौतिक जगत से बाँटती है। उदाहरण के लिए, अनेक स्त्रोतों में देवताओं को भोग चढ़ाने के एवज़ में, उनसे कुछ माँगा जाता है जैसे अर्थ व काम। इन्हें देवों को प्रसन्न करके ही पाया जा सकता है।

जब वैदिक हिंदू धर्म, पौराणिक हिंदू धर्म में बदला और वैदिक अग्नि ने हिंदू मंदिरों के लिए मार्ग बनाया तो यज्ञ का अनुष्ठान पूजा में बदल गया, जिसमें देव कृपा पाने के लिए उन्हें पुष्प, अगरबत्ती व धूप आदि अर्पित किया जाने लगा।

इस तरह आदान–प्रदान का यह नियम नए रूप में निरंतर जारी रहा।

अंतिम संस्कार

जीवन के अंत, अंतिम संस्कार व मृत्यु से जुड़े रिवाज़ (अंत्येष्टि या श्राद्ध) हमारे उद्‌देश्य के लिए बहुत महत्त्व रखते हैं। हिंदू धर्म के अनुसार, अनंत पुनर्जन्म एक तत्वमीमांसक यथार्थ है, प्रत्येक व्यक्ति का अपने मृतक पूर्वज के प्रति एक कार्मिक ऋण होता है कि वह संतान को जन्म दे ताकि वह उनके आने वाले जन्मों के लिए साधन का काम कर सके।

इस प्रकार, एक हिंदू से अपेक्षा की जाती है कि वह अपने पूर्वजों का श्राद्ध करे, जिसके दौरान वह कौओं (पूर्वजों के प्रतीक) को भोजन देने के बाद वचन देता है कि वह संतान पैदा करेगा ताकि उसके पूर्वज पुनः जन्म पा सकें। अगर कोई ऐसा नहीं कर पाता तो यह माना जाता है कि वह पूर्वजों के प्रति अपने ऋण को पूरा नहीं कर रहा। इस तरह उसके पूर्वजों को यह अवसर भी नहीं मिल पाता कि वे फिर से जन्म पा कर अपने कर्मों का भार उतार सकें। इस तरह संतान पैदा करना, हिंदू के लिए महत्त्वपूर्ण धार्मिक कार्य माना जाता है।

तत्वमीमांसक व्यापार का यह अनुष्ठान (यज्ञ) कार्मिक ऋण को उतारने के लिए है जो किन्नरों की लैंगिकता के प्रति सामाजिक रवैयों को सूचित करता है – जिसमें विशेष तौर पर हिंदू समलैंगिक व्यक्ति शामिल है – यह उसके गृहस्थ जीवन के प्रमुख कर्तव्यों में से शामिल है। कई हिंदू परिवारों में, विपरीतलिंगकामी विवाह और संतान पैदा करने को को किसी की समलैंगिक पहचान के दमन के तौर पर नहीं बल्कि परिवार के पुरुष सदस्य के रूप में, उसके धार्मिक कर्तव्य की पूर्ति के तौर पर देखा जाता है।

इस असंयमित व्यवसथा की पितृसत्ता संबंधी सुविधाएँ केवल पुरुषों के अनुसार हैं और दुर्भाग्यवश आधुनिक भारत में भी बदस्तूर जारी हैं।

हिंदू धर्म में विविधता और किन्नर

कार्मिक धर्मों में, पिछले जन्मों के कर्म, अगले जन्मों में मूर्त रूप अवश्य लेते हैं क्योंकि आत्मा अमर है और यह अपने निवास के लिए नश्वर और अस्थायी देह को चुनती है। कार्मिक धर्मों में, पिछले जन्मों के कर्मों के फलस्वरूप, प्राकृतिक रूप से विविध प्रकार की देह उपलब्ध होती हैं। नतीजन, ये देह कई प्रकार की हो सकती हैं जैसे – मनुष्य, अ–मनुष्य या पूरी तरह से मनुष्य नहीं।

भौतिक शरीर के पास पहले से ही मनोवैज्ञानिक और लैंगिक लक्षण मिले होते हैं जो इसी जीवनकाल में प्रकट होंगे। लिंग की पहचान भी एक ऐसा ही लक्षण है जो पहले से तय होता है। अनश्वर आत्मा का कोई लिंग या लैंगिक वरीयता नहीं होती। मनो–लैंगिक देह भावों, इच्छाओं, प्रवृत्ति, यौन संबंधी वरीयता तथा नैतिक अधिकार का केंद्र है। इन्हीं बातों को देखते हुए, हम एक ऐसी स्त्री को देख सकते हैं जो भौतिक रूप से किसी नर देह में उलझी हो या इसके विपरीत हुआ हो। एक मनोलैंगिक देह अपने पिछले कर्मों के फलस्वरूप विविध प्रकार की यौन संबंधी वरीयता रख सकती है।

'प्रत्येक देह के भीतर उस दिव्य तत्व का वास है जो साक्षी है, मार्गदर्शन करता है, समर्थन देता है और देह के सारे अनुभवों का आनंद लेता है।'

– भगवद् गीता, अध्याय 13, श्लोक 22

हिंदू पौराणिक गाथाओं में देवी और देवता भी लिंग संबंधी अस्थिरता व किन्नर यौन संबंधी वरीयता के साथ दिखाई देते हैं। लगभग दो हज़ार वर्ष पूर्व, पश्च वैदिक काल में, एक नए प्रकार के हिंदू धर्म का उदय हुआ, जिसमें ऐसे देवों, राजाओं और मुनियों की कथाएँ थीं जो समाज व यज्ञ जैसे अनुष्ठानों का त्याग किए बिना, कर्मों का भार घटाने के योग्य थे। इन कहानियों में अपने धर्म पर चलने वालों की महिमा का प्रचार किया गया। शिव और उनकी संतानों, विष्णु और उनके अवतारों जैसे राम और कृष्ण, और शक्ति व उनके विविध रूपों आदि को संस्कृत ग्रंथों में प्रकट किया जाने लगा जिन्हें पुराण कहा गया, उन्हीं से हमें 'पौराणिक हिंदू धर्म' प्राप्त हुआ।

इसी दौरान, कई ऐसी कहानियों ने जन्म लिया, जिनमें देव देवी के रूप में आ जाते थे या इसके विपरीत भी होता था। कुछ ऐसे देव हुए जो तीसरे लिंग से थे और कुछ देव ऐसे थे जो तीनों लिंगों को प्रकट करते थे। कुछ देव लिंग बदले बिना, केवल दूसरे लिंग जैसे कपड़े पहनते थे।

इसके अतिरिक्त ऐसे देवता थे जो स्त्रैण लक्षण रखते थे और कुछ देवियों में नर लक्षणों की अधिकता थी। भगवद्गीता में भगवान कृष्ण ने प्रकृति व पुरुष को अपनी दो योनियाँ कहा है।[1] कुछ कथाओं में, कृष्ण को एक युवती की तरह दिखाया गया है। वे अपने बालों की वेणी गूँथे, हाथों पर मेंहदी सजाए, नाक में नथुनी पहने, एक भावपूर्ण भंगिमा में खड़े हैं। इसी रूप में कृष्ण पुरुषोत्तम कहलाते हैं और इसके साथ ही उन्हें पूर्ण–पुरुष भी कहा जाता है। यह तो स्पष्ट है, प्राचीन काल में, स्त्रैण गुणों की प्रबलता का अर्थ यह नहीं था कि पौरुष समाप्त हो गया है।

आज भी भगवान विष्णु के प्रचलित रूपों में से, एक मोहिनी अवतार माना जाता है जो उन्होंने असुरों को मोहने और उनका वध करने के लिए धारण किया था। विष्णु मंदिर के समारोहों जैसे ब्रह्मोत्सवम् आदि में आज भी नियमित तौर पर, हर शोभा यात्रा में इस रूप को बाहर निकाला जाता है।

ठीक इसी तरह, भगवान शिव का भी एक ऐसा रूप है जिसमें वे एक ग्वालन का वेष धरते हैं ताकि वे गौलोक में कृष्ण के आसपास नृत्य कर सकें। वे आज भी मथुरा में गोपेश्वर महादेव के तौर पर पूजे जाते हैं।

देवियों को अक्सर दूसरी देवियों के साथ दिखाया जाता है, वे सिंह पर सवार हो कर, हाथ में त्रिशूल थामे रणभूमि में जाती हैं – ऐसे लक्षण मर्दाने समझे जाते हैं। हिंदू धर्म में इष्ट देवियाँ स्वायत्त सत्ता रखती हैं और अपने पुरुष साथियों को आनंद की वस्तु या संतान उत्पन्न करने का साधन मानती हैं।[3] देवी एक ही समय में माता और पुत्री है। देवी के मंदिरों में उन्हें ही अकेले वेदी पर बिठाया जाता है या उनकी सहायिका देवी साथ होती है। कहीं–कहीं उन्हें दो पुरुष साथियों के संग भी प्रतिष्ठित किया जाता है। देवताओं के मंदिर में, वे देवता के साथ पत्नी के रूप में विराजती हैं, परंतु प्रायः उनके लिए स्वतंत्र मंदिर बनाया जाता है जैसे हम पुरी में कृष्ण–विष्णु, तिरुमलाई, पंढरपुर और द्वारिका में देखते हैं।

महाभारत के महाकाव्य में अनेक किन्नर चरित्र आते हैं जैसे बृहन्नला, ऐसा व्यक्ति जो एक साल के लिए अपना पुरुषत्व खो देता है। शिखंडी एक स्त्री है किंतु अपने जीवन में आगे चल कर, पुरुष जननांग धारण कर लेती है। भग्शवना अपने जीवन का एक हिस्सा पुरुष, पति व पिता के तौर पर जीता है और शेष भाग स्त्री, माता और पत्नी के रूप में जीती है। युवनाश्व, यज्ञ से मिला जादुई आसव पीने की वजह से गर्भ से हुआ और अपनी जंघा से एक संतान को जन्म दिया। इला का पुरुषत्व चंद्र की कलाओं के साथ घटता और बढ़ता है। अरवन की पत्नी मोहिनी है, जो कृष्ण–विष्णु का स्त्री रूप है।

अरवन एक ऐसे देव हैं तो उत्तरी तमिलनाडू और पांडिचेरी (पुद्दुचेरी) में पूजे जाते हैं। कुरुक्षेत्र के युद्ध में अर्जुन के इस पुत्र को देवी के आगे बलि चढ़ा दिया जाता है। वह अपनी बलि से एक दिन पूर्व विवाह करना चाहता था परंतु कोई भी युवती ऐसे वर को नहीं चुनना चाहती थी जो विवाह से अगले ही दिन मरने जा रहा हो और वह विधवा हो जाए। तब कृष्ण ने युवती का रूप धरा और अरवन के साथ रहने का निर्णय लिया और अंततः उसके शोक में विलाप करने वाली विधवा बने। अरवन को शिव का अवतार मान कर पूजा जाता है और वे इस प्रांत के सभी विपरीतलिंगियों के पति बने, वे स्वयं को अरवन की पत्नी, अरवनी कह कर बुलाते हैं। *(स्त्रोतः विकीमीडिया कॉमन्स)*

पुराणों में एक ही लिंग के दो सदस्यों के बीच प्रगाढ़ संबंधों की कहानियाँ आती हैं, जैसे सोमावत और सुमेधा की कहानी को ही लें। जब उनमें से एक स्त्री बन जाता है तो वे आपस में विवाह कर लेते हैं।

रामायण की प्रांतीय लोकगाथाओं में अक्सर महाकाव्य के कुछ प्रमुख पात्रों पर किन्नर झुकाव दिखाया जाता है, मिसाल के लिए, भोर के देवता, अरुण का लिंग अनिश्चित था क्योंकि उनका जन्म समय से पूर्व हुआ

था। उन्होंने एक कन्या के तौर पर जन्म लेना चाहा और दो देवों, इंद्र व सूर्य को जन्म दिया।[4]

ठीक इसी तरह, रामायण के एक संस्करण में, जोकि हिजड़ा समाज में प्रचलित है, एक प्रसंग आता है जहाँ प्रभु राम चौदह वर्ष का वनवास पूरा करने के बाद अयोध्या वापिस आते हैं। वे हिजड़ों को अयोध्या के बाहर अपनी प्रतीक्षा करते हुए पाते हैं। राम उनसे इसकी वजह पूछते हैं तो हिजड़े उत्तर देते हैं, 'जब आप जा रहे थे तो अयोध्यावासी वन तक आपके पीछे आए। परंतु आपने स्त्रियों और पुरुषों को नगर में वापिस जाने का आदेश दिया। हम न तो स्त्री हैं और न ही पुरुष इसलिए हम नहीं जानते कि आपने हमारे लिए क्या निर्देश दिए हैं। हम तब से आपकी यहीं प्रतीक्षा कर रहे हैं कि हमारे लिए क्या आदेश है।' इस बेशर्त निष्ठा को देख, राम ने हिजड़ों को वचन दिया कि वे कलियुग में भी सम्मान के पात्र होंगे और उन्होंने सभी हिजड़ों का अपनी नगरी में स्वागत किया।

उत्तर भारत की सर्वाधिक लोकप्रिय तुलसी रामचरितमानस रामायण में राम काक भुशुंडि से कहते हैं, 'पुरुष नपुंसक नारि वा, जीव चराचर कोई, सर्व भाव भज कपट तजि मोहि परम प्रिय सोइ।' (पुरुष, नपुंसक, नारी, नर या चराचर जगत में जन्म लेने वाला कोई भी जीव, जो कपट तज कर संपूर्ण भाव से मुझे भजता है, वह मुझे परम प्रिय है।') भगवान राम का कहना है कि वे सबके हैं, नपुंसक भी उन्हें प्रिय हैं।

अंतर्जात अस्थिरता तथा भौतिक देह की विविधता से जुड़े सभी विवरण दर्शाते हैं कि हिंदू देवताओं तथा उनकी माइथोलॉजी में किन्नरों के प्रति एक सहज रवैया मिलता है। हालांकि इन कहानियों को पढ़ते हुए सावधान रहना चाहिए। इन्हें केवल किन्नरों के यथार्थ के बाहरी समर्थन के तौर पर न पढ़ें। कई बार इन्हें प्राचीन ज्ञानियों द्वारा तत्वमीमांसक साधनों के तौर पर भी देखा जाता है ताकि तत्वमीमांसा, लैंगिकता, विविधता तथा मानवीय प्रकृति के जटिल विचारों को प्रतीकात्मक रूप में समझाया जा सके।

गुजरात राज्य की बहुचरा देवी को मुर्गे की सवारी करते हुए दिखाया गया है। हिजड़ों के बधिया करने के अनुष्ठान के दौरान इसी देवी को आवाह्न किया जाता है। मंदिरों में सुनाई जाने वाली गाथा के अनुसार देवी एक ऐसे पति की पत्नी जो स्त्री बनना चाहता था। जब देवी को पता चला तो उसे बहुत गुस्सा आया और उसने अपने पति को शाप दिया और कहा कि वह हिजड़ा बन कर, उसकी पूजा करे। इस देवी को पूजने वाली हिजड़ा गुरु, मंगल–मुखी कहलाती हैं। उनमें से कई तो ब्रह्मचर्य व्रत भी धारण करती हैं। (*स्त्रोतः विकीमीडिया कॉमन्स*)

उदाहरण के लिए, अर्द्धनारीश्वर की छवि, हिजड़े जैसे किन्नर रूप की ओर संकेत कर सकती है और इसे देव और देवी के संयोग के तौर पर दर्शाया जा सकता है, जिससे मिल कर एक संपूर्ण बनता है, इस तरह यह छवि ब्रह्माण्ड की आंतरिकता तथा संपूर्ण ऐक्य को दर्शाती है या यह उस पौरुष संबंधी नियम की ओर संकेत कर सकती है जिसमें स्त्रैण नियम के बिना एक तरह का अधूरापन रह जाता है।

वैसे भी हो सकता है कि आधुनिक अनुवाद में, इन तत्वमीमांसक विषयों का वर्णन करने के लिए प्रयोग में लाई जाने वाली शब्दावली अपनी बात सही तरह से न कह सके, जिसे समकालीन समाज विनम्र या केवल राजनीतिक रूप से उचित ही मानेगा। इन शब्दों का प्रत्यक्ष अनुवाद कहता है कि किन्नर पुरुषों से कम व स्त्रियों जैसे नहीं हैं इसलिए वे अधूरे हैं। उदाहरण के लिए, 'नपुंसक का अर्थ है, अ–पुरुष, जबकि किन–नर का अर्थ है, 'क्या मनुष्य'। ग्रंथों में इसका वर्णन करते हुए इसे एक विशेष जीव के तौर पर दर्शाया जाता है जो देवों, असुरों व मुनियों के साथ खड़ा होता है। भारत के पारंपरिक विपरीतलिंगी समुदायों के लिए कुल मिला कर 'हिजड़ा' शब्द का प्रयोग किया गया है। इस शब्द का मूल इस्लामी संस्कृति और मुगल दरबारों से रहा, हालांकि अनेक हिजड़े कई हिंदू देवी–देवताओं को भी मानते हैं। उदाहरण के लिए, तमिलनाडू में ऐसे हिजड़े हैं जो अरवन देव की पूजा करने के कारण 'अरवनी' कहलाते हैं; कर्नाटक में, जोगता हैं जिनका संबंध रेणुका–येलम्मा से है; गुजरात और उत्तर भारत में, मंगल–मुखी समुदाय मिलता है, जिसका देवी बहुचरा से निकट संबंध रहा है। हाल ही के समय में, किन्न्र शब्द उन विपरीतलिंगियों के लिए प्रयोग में आने लगा है, जो हिंदुओं की मुख्यधारा में अपना समावेश चाहते हैं

2016 में, उज्जैन कुंभ मेले के दौरान किन्नर अखाड़े का आयोजन किया गया, जिसका जिम्मा जानी–मानी ट्रांसजेंडर राईट्स एक्टिविस्ट लक्ष्मी नारायण त्रिपाठी को सौंपा गया। स्थापना समारोह में, त्रिपाठी को अखाड़े का आचार्य महामंडलेश्वर नियुक्त किया गया, उन्हें विभिन्न हिंदू नेताओं का आशीर्वाद मिला जिनमें शंकराचार्य भी शामिल थे, इससे पता चलता है कि समाज के हाशिए पर रहने वाले इन समुदायों को धीरे–धीरे मुख्य धारा से एक होने का अवसर मिल रहा है।[5] यही उपक्रम विपरीतलिंगियों और एलजीबीक्यू समुदाय के बीच आने वाले अंतराल को

भरने में सहायक है। विपरीतलिंगियों को भारतीय संस्कृति में किन्नरों के पारंपरिक रूप तथा एलजीबीक्यू समुदाय को आधुनिक प्रदर्शन के तौर पर देखा जाता है।

किन्नरों का वर्णन करने वाले ये सभी शब्द या संबोधन हमें उस परोपकारी व्याख्या की ओर ले जाते हैं जिसके अनुसार प्राचीन ज्ञानियों ने किन्नरों से जुड़े सत्य को उसी भाषा में समझाया जिसे आम तौर पर लोग समझते थे।

किन्नरों की विविधता पर अनेक प्रसंग मिलते हैं परंतु हमें बाइबिल या कुरान में ऐसी प्रसंग कथाएँ नहीं मिलतीं। इसके अतिरिक्त, पौराणिक गाथाओं में हमें ऐसी कोई कहानी नहीं मिलती जिनमें सोडोम या गोमरा जैसी कहानियाँ हों, जिन्हें किन्नर रूपों के लिए दैवीय दंडों के रूप में प्रस्तुत किया गया है।

दरअसल, 'समलैंगिकता एक पाप है', हिंदुओं के ग्रंथों में ऐसा कोई विवरण नहीं मिलता क्योंकि यह कर्म व अनंत पुनर्जन्मों की अवधारणा के अनुकूल नहीं है।

हिंदू धर्म में किन्नरों के प्रति असहजता

हिंदू धर्म में किन्नरों के प्रति दृष्टिकोण को प्रभावित करने वाला एक महत्त्वपूर्ण कारक यह भी है कि इसमें सदा ही नर संतति को वरीयता दी गई है। हो सकता है कि यह प्रवृत्ति इस तथ्य से उपजी हो कि एक पुरुष संतान ही अपने मृतक संबंधियों का अंतिम संस्कार व श्राद्ध कर्म कर सकता है। इसके बाद ही उनकी आत्मा को मुक्ति मिलती और वे अगले जन्म में प्रवेश के अधिकारी होते हैं।

यह रिवाज़ समकालीन समाज में भी जारी है, और भारतीय संस्कृति में आज भी लड़कियों की अपेक्षा लड़कों को हर प्रकार की सुविधाएँ मिलना जारी है। संस्कृत में बेटे के लिए 'पुत्र' शब्द का प्रयोग होता है, जिसका

अर्थ है, 'ऐसा व्यक्ति जो उस नर्क से रक्षा करता है, जिसमें निःसंतानों का वास हो।' (श्लोक 38, अध्याय 74, महाभारत का आदि पर्व)

इस तरह विवाहित जोड़ों का सबसे पहला धार्मिक कर्तव्य यही बनता है कि वे संतान उत्पन्न करें और यदि वह पुत्र हो तो अति उत्तम होगा – तभी उनके पूर्वजों का पुनर्जन्म संभव होगा, जिसके बिना मोक्ष पाना असंभव है। यही वजह भी मानी जा सकती है कि समलैंगिकों व अन्य किन्नर रूपों को सदा हीन, व्यर्थ और अवांछित माना जाता रहा। दरअसल, कुछ ग्रंथों में तो विपरीतलिंगियों तथा अनुर्वर पुरुषों को अपमानजनक तौर पर 'क्लीव' भी कहा गया ताकि उन्हें ऐसे व्यक्ति के तौर पर पहचाना जा सके, जो पूरी तरह से पुरुष नहीं है।

हिंदू धर्म में संतान का जन्म बहुत ही महत्त्वपूर्ण माना जाता है और अगर कोई अपनी संतान को जन्म देने में असफल रहता है तो उसकी पत्नी को यह अधिकार दिया जाता है कि वह गर्भवती होने तक दूसरे पुरुष के साथ सहवास कर सकती है। उदाहरण के लिए, महाकाव्य में पांडु अपनी पत्नी को गर्भवती करने के लिए देवों से आग्रह करते हैं, उनसे उत्पन्न संतानें ही महाकाव्य महाभारत के प्रमुख पात्रों के तौर पर सामने आते हैं।

मनुस्मृति का शाब्दिक अर्थ है, 'मनु की स्मृतियाँ या सोच'। यह हिंदुओं द्वारा पालन की जाने वाली सबसे प्राचीनतम आचार संहिता है। इसमें समलैंगिकता पर हल्का सा रोष प्रकट किया गया है और इसे व्यर्थ माना गया है। यह ध्यान रखना चाहिए कि मनुस्मृति प्रचलित धर्मशास्त्रों में से एक है, यह तब अधिक लोकप्रिय हुआ जब अंग्रेज़ों ने इसे भारत में कानूनी तंत्र का आधार बनाने के लिए चुना, वे इसे हिंदू पर्सनल लॉ के मामलों में महत्त्व देते थे। अंग्रेज़ों के ऐसा करने से पूर्व, हिंदू समाज में इस धर्मशास्त्र द्वारा नीति संचालन पर कई विद्वानों की चुनौतियाँ दर्ज़ होती रही हैं।[6] हिंदू धर्म में ऐसे किसी 'पाप' का उदाहरण नहीं मिलता जिसमें समलैंगिकता को शामिल किया गया हो। दो पुरुषों के बीच यौन संबंध को, यौन कर्म

के तौर पर नहीं बल्कि इस बात के लिए ज़्यादा बुरा माना जाता था कि उन्होंने गृहस्थ के तौर पर अपने कर्तव्यों से समझौता किया। कई बार दोनों पुरुषों की जाति के कारण भी इसे निषिद्ध किया जाता था। मनु के अनुसार, समलैंगिक व्यवहार वासना या इच्छा से उपजा एक ऐसा व्यर्थ कर्म जिससे व्यक्ति पर कर्मों का भार बढ़ता है क्योंकि इससे संतान पैदा करने का उद्देश्य पूरा नहीं हो रहा जो व्यक्ति के धार्मिक कर्तव्यों को पूरा करता है। यह समलैंगिक यौन संबंध को कुछ उसी प्रकार मानता है मानो किसी रजस्वला स्त्री से संभोग करना अथवा दिन में यौन संबंध स्थापित करना।[7]

नतीजन, हम यह देखते हैं कि पुरुषों की समलैंगिक प्रेम पाने की इच्छा को बहुत भयंकर परिणामों के साथ नहीं जोड़ा गया। उच्च जातियों के आम पुरुषों के बीच समलैंगिक व्यवहार को एक गौण अपराध के तौर पर लिया जाता था जिसके लिए अनुष्ठानिक स्नान करने का विधान था।

स्त्रियों की समलैंगिकता की बात करें, तो यह कृत्य तभी दंड देने योग्य माना जाता था जब इसमें शामिल दोनों कन्याएँ अक्षतयोनि या कुआँरी हों। ऐसे मामलों में, दोनों में से अधिक आयु वाली स्त्री के लिए गंभीर दंड का विधान था – उसका सिर मूंड दिया जाता, दो अंगुलियाँ काट दी जातीं और गधे पर बिठा कर घुमाया जाता।'[8] ठीक इसी तरह, किसी कुआँरी कन्या के साथ विपरीतलिंगकामी संबंध बलात् बनाने पर भी कड़ा दंड विधान था। इसके विपरीत, दो कुआँरी कन्याओं के बीच समलैंगिक संबंधों को हल्की फटकार के साथ सहन कर लिया जाता था। इन विवरणों से पता चलता है कि लोगों के मन में कौमार्य के प्रति तीव्र आकर्षण था और इसे खोने के बाद कन्या विवाह के योग्य नहीं रहती थी, इसकी तुलना में समलैंगिकता से इतनी अरुचि या विरोध नहीं था।

इसके विपरीत, हिंदू धर्म की आश्रम व्यवस्था में न केवल संसार का त्याग किया गया बल्कि काम संबंधी इच्छा का भी हनन किया जाता था। तंत्र परंपरा व अन्य कई पारपंरिक कीमियाई ग्रंथों में वीर्य अवरोधन

को बहुत महत्त्व दिया जाता था। मान्यता थी कि ऐसा करने से साधक में जादुई शक्तियाँ आ जाती थीं इसलिए उन्हें आत्म–नियंत्रण करने को कहा जाता था। जैसा कि सुनने में आया है, हिंदू आश्रम संबंधी परंपरा के प्रवर्तक आदि शंकराचार्य से किसी संस्कृत विद्वान की पत्नी ने पूछा था कि जब उन्होंने कभी यौन संबंध ही नहीं बनाए तो वे स्वयं को संसार का ज्ञानी कैसे कह सकते थे। प्रत्युत्तर में, शंकराचार्य ने अपनी यौगिक शक्तियों के बल पर, एक मृत राजा के शव में प्राण फूँके और उसकी रानियों के साथ संभोग किया। इस प्रकार, कथा के अनुसार, उन्होंने काम संबंधी अनुभव तो पाया और इसके साथ ही अपनी देह की शुद्धता भी बनाए रखी।[9]

भौतिक आनंद पाने का यह सिलसिला निर्वासित व व्यर्थ माना जाता था और यही वजह रही कि किन्नरों को सदा पुरुष व स्त्रैण नियमों के हीन अपमिश्रण के तौर पर देखा गया, उन्हें मठों से दूर रखा गया क्योंकि वहाँ उन्हें प्रलोभन के रूप में देखा जा सकता था। विवाहित समाज में भी उन्हें सदा अप्रासंगिक माना गया।

अब, इन सिद्धांतों के आंतरिक तर्कों के अतिरिक्त, अफ़गानिस्तान, फ़ारस और यूरोप के प्रवासियों की मान्यताओं का भी इन विश्वासों पर गहरा असर रहा और उन्होंने किन्नर रूपों के ढांचे को आकार दिया। इस्लाम का प्रचलित रवैया यही रहा कि उन्होंने सार्वजनिक तौर पर समलैंगिक व्यवहार को नकारा। मुस्लिम प्रवासी अपने साथ, अपने कुछ पुरुष सहायकों को नामर्द बनाने का अभ्यास भी ले कर आए। बधिया हो चुके गुलाम सबसे भरोसेमंद और विश्वसनीय सेवक माने जाते थे क्योंकि ये विवाह करके अपने परिवार नहीं बना सकते थे। उनकी ओर से सुलतान के हरम या पत्नियों को किसी प्रकार का ख़तरा नहीं रहता था। इस्लामी शासकों के दरबारों में ऐसे गुलामों की परंपरा को, आधुनिक हिजड़ा संस्कृति व भारत में पारंपरिक विपरीतलिंगी समुदाय का पूर्ववर्ती कहा जा सकता है। विपरीतलिंगी व्यक्तियों का स्वयं तैयार किया गया एक समुदाय

है, जो समाज के हाशिए पर बसा है जिसमें इस्लाम की सांस्कृति विरासत स्पष्ट तौर पर दिखती रही है।

हिंदू आस्था/संस्कृति/ग्रंथों के भाग के रूप में किन्नर

जैसा कि पिछले भागों में देखा गया, उपमहाद्वीप के प्राचीन ग्रंथों में, लैंगिकता का वर्णन सामान्यतः और किन्नर रूपों का विशेष तौर पर किया गया है। दअरसल, हो सकता है कि ये कुदरती तौर पर मनुष्य की लैंगिकता और पहचान का वर्णन करने वाले आरंभिक प्रयास रहे हों जो वैज्ञानिक अभिव्यक्ति तक पहुँचे। इनमें से कुछ उदाहरण महत्त्वपूर्ण रूप से रेखांकित किए जा सकते हैं जैसे 600 ई.पू. की 'सुश्रुत संहिता', लगभग 200 ई.पू. की 'चरक संहिता', पहली सदी ई.पू. में 'नारद स्मृति' तथा छठी सदी का सबसे प्रसिद्ध 'काम सूत्र'।

'सुश्रुत संहिता' में ऐसे अनेक पुरुषों का परिचय मिलता है जो नपुंसक हैं और उन्हें क्लीव कहा गया है। उनके यौन संबंधी लक्षणों का भी विस्तार से वर्णन मिलता है। यह इस बात पर बल देता है कि समलैंगिक अशक्य का जन्म तभी होता है जब उसके पिता का वीर्य भरपूर मात्रा में न हो। यही वजह है कि उसे दूसरे पुरुषों का वीर्य निगलने में आनंद आता है। जब माता संभोग के समय सक्रिय भूमिका निभाते हुए वर्चस्व रखती है (पुरुषायिता या स्त्री का सहवास के समय ऊपर होना) तो विपरीतलिंगी संध का जन्म होता है।[10]

इसी ग्रंथ में कहा गया है कि गर्भ धारण के समय ही तीनों प्रकृतियों – नर, मादा अथवा तीसरे लिंग का निर्धारण हो जाता है।

'चरक संहिता', प्राचीन वैदिक चिकित्सा ग्रंथ है, इसमें आठ प्रकार के पुरुषों का वर्णन है, जो स्त्रियों के साथ सहवास नहीं कर सकते।

1. *द्विरेत* – नर व मादा बीज के साथ जन्म लेने वाला।
2. *पवनेंद्रिय* – जो वीर्य का स्राव नहीं कर सकता।
3. *संस्कारवाह* – जो पिछले जन्मों के संस्कारों के कारण कामोत्तेजित होता हो।
4. *नरशण्ड* – पुरुषत्व पूरी तरह से नष्ट होता है।
5. *नारीशण्ड* – स्त्रीत्व पूरी तरह से नष्ट होता है।
6. *वक्री* – लिंग विकृत हो अथवा उसमें बहुत टेढ़ापन हो।
7. *ईश्याभिरति* – दूसरों को संभोग करते देख कामोत्तेजित होने वाला।
8. *वातिक* – इसका जन्म अंडकोष के बिना होता है।

ग्रंथ में कहा गया है कि ये विचलन, अपरिवर्तनीय कारकों के कारण होते हैं जैसे पिछले जन्मों के संस्कार, माता–पिता की दशाएँ और गर्भ में कुछ निश्चित दशाएँ। इस प्रकार यह समलैंगिकता के लिए संसार में जैविक आधार के आरंभिक दावों में से एक है।

'नारद स्मृति' में, मुनि नारद ने चौदह विभिन्न प्रकार के पुरुषों का वर्णन किया है जो स्त्री के साथ संतान उत्पन्न नहीं कर सकते। इनमें मुखेभग (दूसरे पुरुषों से मुख मैथुन करने वाले पुरुष), सेव्यक (ऐसे पुरुष, जो दूसरे पुरुषों को काम सुख प्रदान करते हैं) तथा ईष्यक (दृश्यरतिक जो दूसरों को यौन संबंध स्थापित करते देखता है)। ये तीनों ही व्यक्ति बदले नहीं जा सकते और इनके लिए स्त्रियों के साथ विवाह करने पर पाबंदी है।

वात्सयायन ने काम सूत्र की रचना की जो प्रसिद्ध प्राचीन ग्रंथ है जो मुक्त रूप से इच्छा और काम की चर्चा करता है। यह मनुष्य के तौर पर यौन संबंधी कर्म को हमारे जीवन की प्रमुख गतिविधि के तौर पर स्वीकारता है और इच्छा, दैहिक वासना को मनुष्य की

गतिविधि के तौर पर उचित स्थान देता है। यह ग्रंथ व्यावहारिक और समावेशी है।

उदाहरण के लिए, काम सूत्र में, पुरुष व पुरुष द्वारा मुख मैथुन के लिए, तृतीय प्रकृति शब्द का प्रयोग किया गया है, यह समलैंगिक मनुष्यों की इच्छा और अभ्यासों का विस्तार से वर्णन करता है। यह ऐसे पुरुषों को दो भागों में विभक्त करता हैः स्त्रैण छवि और भंगिमा युक्त पुरुष और दाढी–मूँछ व गठे हुए शरीर के साथ पुरुष भंगिमा। काम सूत्र का यह भी मानना है कि समलैंगिक विवाह परम आसक्ति व परस्पर संपूर्ण विश्वास पर आधारित होते हैं।

वंध्या स्त्रियों के बारे में वैदिक साहित्य में बहुत अधिक विवरण नहीं आता। वैसे विविध संस्कृत ग्रंथों में, कम से कम दस प्रकार की तीसरे लिंग वाली स्त्रियों का विवरण आता है। काम सूत्र में स्वैरिणी के बारे में बताया गया है, जो दूसरी स्त्री के साथ आक्रामक हो कर यौन संबंध स्थापित करती है। समलैंगिक व पुरुषों जैसे गुणों वाली स्त्रियों को उनके व्यवसाय संबंधी गुणों (वैश्य) के लिए जाना जाता है। वे सशस्त्र सैन्य बलों, घरेलू सहायिका व गणिकाओं के रूप में भी उपयुक्त मानी गई हैं। उभयलिंगी स्त्रियाँ, कामिनी वे कहलाती हैं जो स्त्री व पुरुष, दोनों से ही यौन संबंध स्थापित करना पसंद करती हैं। संस्कृत ग्रंथों में स्त्रियों के कुछ और विवरण भी मिलते हैं जैसे स्त्रीपुंस, मर्दाना रूप और बर्ताव रखने वाली महिला, और षंडी, एक स्त्री जो पुरुषों से अरुचि रखती है और उसके स्तन नहीं होते।[11]

रोचक रूप से, काम सूत्र ऐसे समय में सामने आया, जब उपमहाद्वीप में बौद्ध धर्म का प्रभाव घट रहा था और वैदिक हिंदू धर्म – हिंदू मंदिरों के निर्माण के साथ, अपनी उत्सवप्रियता, अनुष्ठानों, सामाजिक मेल–मिलापों व आदान–प्रदान के बीच नए सिरे से उभर रहा था। इनमें से अनेक मंदिरों ने मुक्त भाव से अपनी वास्तुकला में श्रृंगार संबंधी छवियों और यौनिकता को स्थान दिया, जिनमें से अनेक चित्रों में समलैंगिकता भी

दर्शाई गई थी। खजुराहो व छपरी के मंदिर इसके सटीक उदाहरण कहे जा सकते हैं। खजुराहो के विश्वनाथ मंदिर के एक भित्ति चित्र में एक साधु को, एक सामान्य व्यक्ति को कोमलता से दुलारते हुए दिखाया गया है।

दरअसल, इनमें से अनेक मंदिरों और इनके पुरोहितों ने आसपास के समुदायों के बीच व्यापार, मंच, कला व यौन अन्वेषण के परितंत्र को पोषित किया। ये मंदिर जीवन, प्रकाश व काम के उत्सव के तौर पर देखे जाते थे, जिससे सारा सृजन संभव हुआ है। जिस मंदिर में लैंगिकता व यौनिकता संबंधी चित्रण नहीं होते थे, उसे हीन व मृत्यु तथा अंधकार के एकांत के तुल्य माना जाता था।[12] ये तथ्य संकेत देते हैं कि यौन संबंधी विविधता तथा लिंग–अस्थिरता को संसार के प्रकट लक्षण के तौर पर मान्यता दी जाती थी और इसके वर्णन या चित्रण पर कोई वर्जना नहीं थी।

तांत्रिक हिंदू धर्म में, वीर्य अवरोधन को यह सोच कर महत्त्व दिया जाता था कि ऐसा करने से साधक के पास अद्भुत जादुई शक्तियाँ आ सकती थीं। इसी तंत्र में यह भी माना जाता था कि तीसरे लिंगधारियों के पास दूसरों को श्राप या आशीर्वाद देने की विशेष शक्तियाँ थीं।

किसी भी नवजात के जन्म या नवविवाहित जोड़े को सुखद जीवन की शुभकामनाएँ देने के लिए प्रायः इस समुदाय के सदस्यों को निमंत्रित किया जाता।

कुछ उदाहरणों में, प्राचीन ग्रंथ समलैंगिकों व तीसरे लिंगों को आम जनता के अत्याचार वे बचाने के लिए प्रगतिशील जान पड़ते हैं। 'अर्थशास्त्र' में माता–पिता को निर्देश दिया गया है कि वे अपने तीसरे लिंगधारी बच्चे को भोजन और वस्त्र दें और उसकी ज़रूरतों की उपेक्षा न करें। यह भी कहा गया है कि अगर संबंधी न हों तो राजा को ऐसे लोगों की देखरेख का भार लेना चाहिए। 'अर्थशास्त्र' यह भी कहता है कि तीसरे लिंग के व्यक्ति का सार्वजनिक अपमान या प्रताड़ना अपराध माना जाए और इसके लिए दोषी को कड़ा दंड दिया जाना चाहिए।

यहाँ तक कि देवताओं में भी, ऐसे कुछ उदाहरण मिलते हैं जिनमें स्पष्ट समलैंगिक प्रगाढ़ता दिखाई देती है। सभी प्रचलित कथाओं में से जल के देवता वरुण और मित्र की कथा को ही लें। 'शतपथ ब्राह्मण' के प्राचीन ग्रंथ में वर्णित है कि मित्र प्रत्येक अमावस्या की रात को वरुण में अपना बीज बोता है ताकि चंद्र को कुम्हलाने से बचाया जा सके। यह पाठ्य चंद्रमा के प्रति सौम्य स्त्रोत की तरह है जो समलैंगिक संयोग से जुड़ा है।

इसी तरह स्कंद पुराण में अग्नि के देवता, अग्नि का वर्णन आता है, जब वे एक बार साधु के वेष में थे तो उन्होंने भगवान शिव का वीर्य निगल लिया था। पद्म पुराण व कृतिवास रामायण में एक प्रसंग आता है, भगवान शिव दो रानियों को आपस में यौन संबंध स्थापित करने को कहते हैं, जिसके बाद वे एक संतान को जन्म देती हैं।[13]

उल्लेखनीय है कि देवताओं और उनके भक्तों के बीच भी गहन और आत्मीय समलिंगी आसक्ति के विवरण मिलते हैं। कुछ हिंदू ग्रंथों में इस मोह के लिए कहा गया है कि यह पारिवारिक सदस्यों, जीवनसाथी या संसार में किसी भी अन्य व्यक्ति की तुलना में कहीं अधिक होता है।

हालांकि हम यह स्वीकार कर सकते हैं कि पूर्व–उपनिवेशी उपमहाद्व ीपी विचारधारा में समलैंगिकों को विपरीतलिंगकामियों की तरह समान स्तर नहीं दिया गया किंतु इस बात के प्रमाण अवश्य मिलते हैं कि समलैंगिकों व किन्नरों को मान्यता दी जाती थी। उनके अस्तित्व को मान्यता देने के अलावा उस पर अध्ययन भी किया जाता था। भले ही उन्हें सांसर की प्राकृतिक विविधता का एक अंग मान कर स्वीकार न किया गया हो परंतु उनके प्रति सहनशीलता का रवैया जरूर था।

इसी दृष्टिकोण को ऋगवेद के शब्दों के माध्यम से देखा जाए तो यह और भी स्पष्ट तौर पर सामने आता है। ऋगवेद में हिंदू धर्म का विशालतम तत्वमीमांसक वर्णन आता है: 'विकृति एवं प्रकृति', जिसका अर्थ है कि जो अप्राकृतिक जान पड़ता है, वह भी प्राकृतिक ही है, विविधता ही प्रकृति है।

एक नयी जागरुकता

विवेक का अन्वेषण ही कर्म पर आधारित धर्मों के प्रमुख नीति में से है, इस प्रकार मनुष्य अनेक जीवनकालों में धीरे–धीरे विवेकवान बनता है। 'क्यों', 'कहाँ', 'कैसे' व 'क्या' जैसे शब्दों के लिए हिंदी में संस्कृत की 'क' धातु का प्रयोग होता है। प्राचीन ग्रंथ कहते हैं कि हिंदू धर्म में आरंभ में ईश्वर को जो नाम दिया, उनमें से 'क' भी एक था। अंततः हम देखते हैं कि 'कर्म शब्द में भी यही आता है – यही वह बल है जो जन्म और पुनर्जन्म के अनंत चक्र को चलायमान रखता है।[14]

हमने इस अध्याय में पहले चर्चा की थी कि कि प्रकार एक पारंपरिक हिंदू व्यक्ति के लिए अंतिम संस्कार का श्राद्ध रखना कितना महत्त्व रखता है। वह अपने पूर्वजों के प्रतीक कौओं को भोग अर्पित करता है। हिंदी में कौआ जो वाणी बोलता है – वह वैदिक मंत्रोच्चार में, ईश्वर के नाम से मेल खाती है और कर्म के नियम की ओर संकेत करती है।

यदि हम इन बिंदुओं को मिलाते हैं, तो हमें आलोचनात्मक चिंतन, किसी बात को जानने व समझने, विवेक धारण करने तथा बुनियादी तत्वमीमांसक बल के बीच महत्त्वपूर्ण संबंध समझ आता है जो एक से दूसरे जन्म तक निरंतर जारी रहता है। संभवतः हमारे पूर्वज हमें संकेत दे रहे थे कि जब तक हम अपने मस्तिष्क का विस्तार करते हुए विस्तृत मन के सत्य को नहीं जान लेते, तब तक यही हमारे जीवन का परम लक्ष्य होना चाहिए। संस्कृत में मन के इसी विस्तार को ब्राह्मण भी कहा गया है, यह शब्द दिव्यता के लिए भी प्रयुक्त होता है।

इस तरह, हिंदू धर्म ईश्वरवादी है, जैसे स्पिनोज़ा के ईश्वरः सभी जीवों में दिव्यता का वास है और सभी जीवन दिव्यता से ओत–प्रोत हैं। पदार्थ और चेतना तो मात्र उसी दिव्यता के रूप हैं। इसी के फलस्वरूप, हिंदू धर्म समानता को वांछित या गुण नहीं मानता। समानता की मिसाल, असमानता को समस्या के तौर पर देखती है क्योंकि एकेश्वरवादी ईश्वर

की दृष्टि में सभी समान हैं। हालांकि, हिंदू धर्म विविधता और मतभेदों के बीच भी सहज बना रहता है। यह उन्हें दिव्यता के प्राकृतिक और विविध स्वरूपों की तरह देखता है, जो उनके संबंधित कर्मों के भार पर निर्भर करता है।

एकेश्वरवादी ईश्वर का एक सर्जक, मालिक या अपनी सृष्टि पर स्वामित्व करने वाले के रूप में कोई अवधारणा नहीं, इसलिए केवल कर्म ही किसी व्यक्ति की संभावना को सुनिश्चित करते हैं। चूंकि दिव्यता सबमें समाई है, तो विवेक इसी में है कि दूसरों को परखने या उनकी निंदा करने की बजाए उनकी दिव्यता को तलाशा जाए।

हिंदू ईश्वर के संसार त्यागी रूप को शिव से तथा संसार को अपनाने वाले रूप को भगवान विष्णु से जोड़ते हैं। इन दो नियमों के अलावा, यह भौतिक जगत देवी के रूप में प्रकट हुआ है। विश्वासों और मान्यताओं की यह त्रिमूर्ति हिंदू धर्म के मूल संदेश को आकार देती है: ज्ञानी और विवेकी तत्वमीमांसक विविधता तले सामान्य एक्य को देखता है और तत्वमीमांसक दृष्टिकोण रखता है कि यह एक्य केवल तभी पाया जा सकता जब कोई इसे उस विविधता में देखता है।

हिंदू धर्म परामर्श देता है कि त्याग और आसक्ति के इन संघर्षरत चुनावों से पेश आने का एक ही उपाय है कि अपनी पूरी सजगता सहित धर्म के सिद्धांतों को लागू किया जाए।

जैसा कि हमने पहले भी देखा, धर्म को पहचान के नियम के तौर पर समझा जा सकता है। एक वस्तु वही है जो वह है। प्राकृतिक जगत में, निर्जीव पदार्थ, पौधे व पशु अपने स्वभाव से काम करते हैं। आम के पेड़ पर केवल आम ही फलते हैं।

इस तरह, यदि धर्म पहचान का नियम है, तो हम कर्म के बारे में अपनी समझ को, पहचान के नियम पर काम करते हुए, और गहरा कर सकते हैं। जब भगवद् गीता कुरुक्षेत्र (चुने गए कर्म और परिणाम का क्षेत्र) को धर्मक्षेत्र (हमारे अस्तित्व का क्षेत्र, जो हम सही मायनों में हैं)

कहती है, तो यह इन दो नियमों के पारस्परिक प्रभावों का उल्लेख कर रही है। जब कोई अपने प्रामाणिक स्व के साथ, विवेक और सजगता को बढ़ाता है, तो उसके कर्म भी उसके स्व के साथ संरेखण करते हुए आगे आएँगे।

वास्तव में, कृष्ण भगवद् गीता में इस बात पर बल देते हैं कि हर किसी को अपने स्वभाव (स्वधर्म) के अनुसार काम करना चाहिए, भले ही वह कार्य असंपूर्ण क्यों न होः 'किसी दूसरे के पथ पर चलना या कृत्रिम तौर पर अपने सहज भाव को दबाना खतरनाक है और ऐसा करने का परामर्श नहीं दिया जाता।'

मनुष्य होने के नाते, हम ही ऐसी प्रजाति हैं जो अपनी प्रकृति के खिलाफ़ जा कर काम कर सकती है, यह कार्य अ–धार्मिक होगा। हर दूसरा सजीव अपनी उत्तरजीविता के लिए काम करता है – फिर चाहे वह भोजन की खपत या फिर प्रजनन के माध्यम से हो। इन दोनों ही कामों में कर्मों का भार शामिल है। मनुष्य ही ऐसे जीव हैं जो इस सहज उत्तरजीविता की प्रवृत्ति को नकार सकते हैं, कम कर सकते है। या कर्मों के संग्रह से बच सकते हैं। इस तरह, हमारे पास यह चुनाव बचता है कि हम मुक्ति पाने के लिए संसार का त्याग करेंगे या धार्मिक कर्म करना चाहेंगे। इनमें से कोई भी उचित या बेहतर मार्ग नहीं है। कई बार विभिन्न संदर्भों में, दोनों की ही आवश्यकता होती है जैसे राम – विष्णु के अवतार – को ही लें जिन्होंने अपने राज्य का त्याग किया और वनवास किया। फिर वे कई वर्षों बाद उचित समय पर राज्य वापिस आए और अपने राज्य का अधिकार पाया।

हिंदू धर्म निरंतर, चुनावों, कर्मों और परिणामों की सीमाओं के आसपास घूमता है।

एक और कहानी है जो दहलीज़ पर होने के इस चुनाव के बारे में बताती है। एक राक्षस देवों से अमरत्व पाना चाहता था। उसने कहा कि उसकी मौत किसी मनुष्य या पशु के हाथों, घर के बाहर या भीतर, दिन

में या रात में न हो। उसकी यह इच्छा पूरी की गई। हालांकि कहानी के अंत में वह राक्षस, भगवान विष्णु के एक अवतार नरसिंह के हाथों मारा जाता है। वह एक पशु और मनुष्य दोनों है और वह घर की दहलीज़ पर वध करता है जो न तो अंदर है और न बाहर, और वह संध्या का समय है, जो न तो दिन है और न ही रात!

इस तरह, सभी प्रकार की सीमाओं के बीच प्रज्ञा के अनंत अंतराल को बहुत मान दिया गया है। हिंदू धर्म इन अयुग्मक अंतरालों का उत्सव मनाता हैं। और इसके साथ ही यह बात सामने आती है कि एक किन्नर का आवास क्या है; यह लैंगिकता, पहचान और उससे भी परे कहाँ तक पनपता है।

समलैंगिक पहचान के साथ सामने आना

कृष्ण ने भगवद्गीता में कहा है कि अनासक्ति के साथ किए गया कर्म ही कर्म योग है। अभ्यास में इसका अर्थ होगा, दंभ के बिना अपनी बात पर अटल रहना। इसका अर्थ होगा अपने अस्तित्व के लिए दृढ़ता बनाए रखना और दूसरों को नीचा न दिखाना। इसका अर्थ होगा कि न केवल अपने अधिकारों और मर्यादा के लिए खड़े रहना बल्कि उसी तरह दूसरों के अधिकारों की रक्षा करना, जो अपनी आवाज़ उठाने के लिए संघर्ष कर रहे हैं। सामुदायिक घटनाओं में हिस्सा लेना, समुदाय में लेन–देन करना और भेदभाव के अधर्म के विरुद्ध आवाज़ उठाना ही अपने धर्म और विश्वास की रक्षा करने जैसा है। हिंदू धर्म नकारात्मक भावनाओं के खिलाफ़ सक्रिय जुड़ाव को समर्थन देता है, जो आज के संसार में अधर्म के रूप हैं।

इस तरह, किन्नरों का अपनी असली पहचान के साथ सामने आना भी बाहरी नकारात्मकता से लड़ने जैसा ही है। और भय व अकेलेपन का अस्वीकार भी, अपने भीतर की नकारात्मकता के साथ एक युद्ध होगा।

महाभारत में, अर्जुन एक बृहन्नला किन्नर के तौर पर सामने आते हैं जो प्राचीन हिंदू या वैदिक समाज में तीसरे लिंग को स्वीकार करने के उल्लेखनीय उदाहरणों में से है। ललित कलाओं के कुशल गुरु के रूप में बृहन्नला की पारंपरिक भूमिका और महाराज विराट द्वारा अपने दरबार में उनकी स्वीकृति, वास्तव में किन्नरों की पहचान को मान्यता देने के सच्चे और उल्लेखनीय उदाहरण हैं।

अस्वीकृति से उबरना

भक्ति ग्रंथों में सच्चाई, ईमानदारी, आत्मविश्वास, करुणा और समावेश जैसे गुणों पर बल दिया जाता है। प्राचीन भक्ति ग्रंथों में से एक, श्री ईशोपनिषद में कहा गया है: 'जो लोग प्रत्येक वस्तु में उस सर्वोच्च को देखते हैं, वे कभी किसी वस्तु या व्यक्ति से घृणा नहीं करते।' वैष्णव दूरदर्शी भक्तविनोद ठाकुर, अपने एक ग्रंथ 'जैव धर्म' में लिखते हैं: 'एक वैष्णव किसी भी ग्रंथ के नियमों और वर्जनाओं का आँख बंद कर पालन नहीं करता वह उनका पालन तभी करता है, जब वे उसके हरि–भजन अभ्यास के लिए अनुकूल हों। यदि वे अनुकूल न हों तो वह तत्काल उनका त्याग कर देता है।'

इस तरह, यह समझा जा सकता है कि समलैंगिक तथा अन्य तीसरे लिंग वाले लोग भक्ति संस्कृति से बहिष्कृत नहीं थे बल्कि उन्हें भी इसे अपने लिए व्यावहारिक तौर पर अपनाने को प्रोत्साहित किया गया।

भारत में समकालीन आध्यात्मिक नेता जैसे श्री श्री रवि शंकर ने सार्वजनिक तौर पर किन्नरों को अपना समर्थन देते हुए कहा कि हिंदू धर्म में ऐसा कुछ नहीं जो समलैंगिकता को उससे परे करता हो और किसी को उसकी लैंगिक वरीयता के बल पर भेदभाव का सामना नहीं करना चाहिए। उन्होंने कहा: 'किसी भी स्मृति में समलैंगिकता को अपराध नहीं

माना गया। सबके भीतर नर और मादा तत्व होता है। उनके वर्चस्व के अनुसार ही प्रवृत्ति उजागर होती है और उसमें परिवर्तन आ सकता है।'[15]

निष्कर्ष

हमें यह भी ध्यान रखना चाहिए कि हिंदू धर्म अखंड और एक ही प्रकार का नहीं है। इसमें अनेक पंथ व संप्रदाय हैं जिन्हें संप्रदाय, परंपरा, पंथ, वाद और डेरा के नाम से जाना जाता है। प्रायः इनका नेतृत्व ओजस्वी आध्यात्मिक नेताओं द्वारा किया जाता है जो इस बात पर बल देते हैं कि उनके अनुयायी कुछ निश्चित नियमों का पालन करें ताकि दूसरों से अलग पहचाने जा सकें। इन नियमों में कई बार, गुरुओं के ही पूर्वाग्रह झलकते हैं और यह भी हो सकता है कि वे विशिष्ट हिंदू दर्शन के साहित्य और विचारों से मेल खाते न हों।

हालांकि इब्राहीमी धर्मों से अलग, हिंदू धर्म में किसी अन्य सत्ता (गुरु, पुस्तक, संस्था या देश) के अनुमोदन की आवश्यकता नहीं है। सब कुछ सामाजिक यथार्थ, रीति–रिवाज़ों और खास तौर पर परिवार से जुड़ा होता है। यदि परिवार स्वीकार करे तो किन्नर व्यक्ति को उद्धार के लिए अद्‌भुत संसाधन व सहयोग मिल सकता है।

यदि परिवार के साथ–साथ धर्म और राज्य का भी सहयोग हो तो किन्नर अपनी मर्यादा सुनिश्चित कर सकते हैं। हालांकि, इस सहयोग के बिना भी, हिंदू धर्म तरल, असंख्य विविधताओं व सौंदर्य का अद्‌भुत संसार प्रकट करता है, जिसमें कोई फैसला, कोई क़यामत का दिन या कोई अंतिम लक्ष्य नहीं और अनंत संभावनाओं के साथ कई महत्त्वपूर्ण मोड़ उपस्थित हैं। जो इस विराट अस्तित्व को देख सकते हैं, वे ज्ञानी हैं। जो नहीं देख सकते, वे भी उसी दिव्यता के अंश हैं।

कुछ कथाओं में कृष्ण को एक युवती की तरह दिखाया गया है। वे अपने बालों की वेणी गूँथे, हाथों पर मेंहदी सजाए, नाक में नथुनी पहने, देह की भावपूर्ण भंगिमा में खड़े हैं। इसी रूप में कृष्ण अपने संगीत से गोपिकाओं को रिझाते हुए पूर्ण–पुरुष कहलाते हैं। इससे पता चलता है कि किस प्रकार स्त्रैण और पौरुष संबंधी गुणों के मेल से दिव्यता परिपूर्ण होती है।

(चित्रः देवदत्त पट्टनायक)

परिशिष्टः हिंदू रीति-रिवाज़ों के आधार पर समलिंगी विवाह कैसे करें?

(कृपया ध्यान दें: इन रीति-रिवाज़ों को किसी भी तरह की धार्मिक संस्था से स्वीकृत नहीं माना जा सकता। भारत सरकार समलिंगी विवाह को मान्यता भी नहीं देती। इस प्रकार, यह रस्म किसी भी प्रकार की धार्मिक पुष्टि या कानूनी मान्यता की ओर संकेत नहीं करती।)

हिंदू धर्म में, देवी और देवताओं का विवाह रचाया जाता है। हिंदू मंदिरों में नियमित तौर पर, बड़े ही आदर भाव तथा धूमधाम के साथ देवी और देवताओं के विवाह संपन्न किए जाते हैं।

हिंदू धर्म के अनुसार विवाह एक संस्कार है जो किसी एक जीव को दूसरे जीव के साथ दापंत्य में बाँधता है। हालांकि अकेला होने का अर्थ यह नहीं कि कोई अधूरा है। हिंदू धर्म में संपूर्णता को विवाह के माध्यम से दो आत्माओं या दो शरीरों का मिलन नहीं माना जाता; इसके अनुसार अपने स्व के प्रति पूरी सच्चाई के साथ उभरना और अपने स्व का विस्तार करना (ब्रा – विस्तार करना, मनस् – मन) ही सपूंर्णता कहलाता है। इस प्रकार कृष्ण का मानसिक चित्रण स्त्रैण मुद्रा में खड़ी, चोटी वाली सौम्य युवती के रूप में किया जाता है और वे पूर्ण पुरुष कहलाते हैं।

हिंदू ग्रंथों में विवाह के लिए कोई तयशुदा समारोह नहीं दिया गया है। प्राचीन ग्रंथों में कई प्रकार के विवाह पर चर्चा की गई है, जैसे पिता द्वारा अपनी पुत्री को वर को सौंपना प्रजापति विवाह कहलाता है, किसी स्त्री और पुरुष का आपसी सहमति से प्रकृति के तत्वों को साक्षी मान कर विवाह करना गंधर्व विवाह कहलाता है या फिर वधू को खरीद कर उससे विवाह करना असुर विवाह कहलाता है।

भारत के विभिन्न प्रांतों और विभिन्न समुदायों में अलग–अलग तरह से विवाह किए जाते हैं। समलिंगी विवाह भी ऐसे ही किसी तरीके से किया जा सकता है।

पहला चरण
प्रस्ताव रखना (वर विनती)

घर के बड़े या माता–पिता, दूसरे साथी के माता–पिता के घर जाते हैं, उन्हें उपहार देने के बाद, उनसे अपने पुत्र या पुत्री के लिए, उनके पुत्र या पुत्री का हाथ माँगा जाता है।

यह रिवाज़ बताता है कि विवाह में केवल दो व्यक्तियों नहीं बल्कि दो परिवारों का मिलन होता है।

> हम (नाम) अपने पुत्र/पुत्री (नाम) के विवाह के लिए, आपके पुत्र/पुत्री का हाथ माँगते हैं।

दूसरा चरण
प्रस्ताव को स्वीकार करना (वर प्राप्ति)

घर के बड़े उन उपहारों को स्वीकार करते हैं और घर आने वाले परिवार की ओर से विवाह के प्रस्ताव को स्वीकारा जाता है।

> हम (नाम) अपने पुत्र/पुत्री (नाम) के विवाह के लिए, आपके पुत्र/पुत्री का हाथ प्रस्तुत करते हैं।

तीसरा चरण

भूमिका बदल कर दोहराएँ

किसी विपरीतलिंगी विवाह में, वर का परिवार, वधू के परिवार से उसका हाथ माँगता है और वधू का परिवार, वर के परिवार को वधू सौंपता है।

समलिंगी विवाह में पहले और दूसरे चरण को भूमिका बदल कर दोहराना होगा। इन चरणों को भी मनोवांछित धूमधाम और रीति–रिवाज़ के साथ निभाया जा सकता है।

चौथा चरण

विवाह वाले दिन के लिए तैयार होना (मंगल स्नान)

वर और वधू सुगंधित जल से स्नान करते हैं और एक–दूसरे के परिवारों की ओर से मिले वस्त्र धारण करते हैं।

पाँचवाँ चरण

देवों तथा मेहमानों को निमंत्रण (देवता आवाह्न)

विवाह वाले दिन, अतिथियों तथा देवों को पवित्र वेदी के निकट निमंत्रित किया जाता है जहाँ पवित्र अग्नि के पास विवाह समारोह संपन्न होगा। परिवार इस समारोह में अपने निजी इष्ट और देवों की प्रतिमाएँ ला सकते हैं।

दीपक जलाए जाते हैं तथा परिवारों के निजी इष्ट व देवों के आगे पुष्पांजलि अर्पित होती है। यदि कोई इष्ट देव न हों तो दिव्यता का प्रतिनिधित्व करने वाले दीपक भी जला सकते हैं।

अतिथियों को गेंदे व गुलाब से बनी मालाएँ अर्पित की जाती हैं और सुगंधित जल छिड़का जाता है।

छठा चरण

वर तथा वधू का आगमन (वर प्रेक्षा)

वर तथा वधू अपने परिवार तथा मित्रजन के साथ वेदी पर अलग–अलग पधारते हैं।

उन्हें एक–दूसरे के सम्मुख लाया जाता है, परंतु उनके मुख हाथों से ढके रहते हैं; उनके बीच एक बड़ा वस्त्र या पत्ता लगाया जाता है।

धीरे–धीरे वे अपने चेहरे का आवरण हटाते हैं और उन्हें उस दिन, पहली बार एक–दूसरे को देखने को कहा जाता है। इस अवसर को शंख, घंटे और संगीत की ध्वनि से और भी शुभदायक बना दिया जाता है।

सातवाँ चरण

मालाओं का आदान-प्रदान (वर माला)

वर तथा वधू के बीच माला का आदान–प्रदान होता है।

मंत्रोच्चार

यह मेरे अस्तित्व का पवित्र चिन्ह है। हे शुभदायी! मैं इसे तुम्हें सौंपता/सौंपती हूँ। ईश्वर करे कि हम दोनों सौ वर्ष तक प्रसन्नतापूर्वक जीवन व्यतीत करें।

आठवाँ चरण

अंगूठियों/कंगन का आदान-प्रदान (मांगल्य धारण)

वर तथा वधू आपस में अंगूठियों/ कंगन का आदान–प्रदान करते हैं।

मंत्रोच्चार

यह मेरे अस्तित्व का पवित्र चिन्ह है। हे शुभदायी! मैं इसे तुम्हें सौंपता/सौंपती हूँ। ईश्वर करे कि हम दोनों सौ वर्ष तक प्रसन्नतापूर्वक जीवन व्यतीत करें।

नवाँ चरण

हाथ थामना (पाणिग्रहण)

अब विवाह वाला जोड़ा पवित्र अग्नि के आगे मुख करके बैठता है। वर/वधू अपना दायाँ हाथ बढ़ा कर साथी का दायाँ हाथ थामता/थामती है। घर के बड़े उनके एक साथ थामे हुए हाथों पर फूल रखते हैं। इसके बाद ये फूल देवों को अर्पित किए जाते हैं। उन्हें देवों की प्रतिमाओं को चढ़ा दिया जाता है।

यदि देव उपस्थित न हों तो जलते हुए दीपक को भी फूल चढ़ाए जा सकते हैं या अग्नि की पवित्र वेदी को अर्पित कर सकते हैं।

यही प्रक्रिया बदली हुई भूमिकाओं के साथ दोहराई जाती है।

दसवाँ चरण

गठजोड़ करना (ग्रंथि बंधन)

फूल अर्पित करने के बाद बड़े बुजुर्ग वर/वधू के कंधे पर एक शॉल या दुशाला रखते हैं। इसके बाद वे दोनों के शॉल या दुपट्टों की गाँठ लगा देते हैं।

ग्यारहवाँ चरण

हृदय स्पर्श करना (हृदय स्पर्श)

दाईं ओर बैठा/बैठी वर/वधू अपने बाएँ हाथ को साथी के कंधे से इस तरह घुमाता है कि वह उसे अपने साथी के हृदय पर रख सके।

ऐसा करते हुए वर/वधू कहता/कहती है, 'मुझे अपने हृदय में सदैव स्थान दो।'

यही प्रक्रिया बदली हुई भूमिकाओं के साथ दोहराई जाती है।

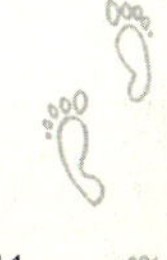

बारहवाँ चरण

एक दूसरे को खिलाना (अन्न प्राशन)

वर तथा वधू को मिठाई और स्वादिष्ट पदार्थ दिए जाते हैं, जो वे एक–दूसरे को खिलाते हैं।

तेरहवाँ चरण

देवों के आसपास प्रदक्षिणा करना (देव आशीर्वाद)

वर/वधू में से एक, आगे की ओर हो जाता/जाती है और वे अग्नि वेदी तथा देवताओं के आसपास तीन चक्कर लगाते हैं; इसके बाद दूसरा/दूसरी साथी आगे आ जाता/जाती है।

यही प्रक्रिया बदली हुई भूमिकाओं के साथ दोहराई जाती है।

चौदहवाँ चरण

एक साथ मिल कर चलने के सात चरण (सप्त पदी)

इसके बाद जोड़ा सात चरण एक साथ लेता है।

मंत्रोच्चार

हम सात चरण एक साथ चलते हुए, परस्पर संकल्प करते हैं।

1. समय
2. वार्तालाप
3. आनंद
4. निष्ठा
5. समर्थन
6. भोजन
7. संपदा

पंद्रहवाँ चरण

बड़े-बुज़ुर्गों को प्रणाम (पितृ-आशीर्वाद)

इसके बाद दोनों परिवारों के बड़े–बुज़ुर्गों को प्रणाम करते हुए उनका आर्शीवाद लिया जाता है।

सोलहवाँ चरण

पुष्प वर्षा (पुष्प अभिषेक)

इसके बाद वैवाहिक जोड़ा अतिथियों को प्रणाम करता है।

इस समय, अतिथि व परिवार के सदस्य विवाहित जोड़े पर पुष्पों और पंखुड़ियों की वर्षा करते हैं तथा संगीत की मधुर ध्वनि से उनका अभिनंदन होता है।

सभी समवेत स्वर में कहते हैं, 'मंगल हो! मंगल हो!' जिसका अर्थ है, 'तुम्हारे साथ केवल अच्छी चीज़ें ही घटें।'

विवाह का आयोजन संपन्न हुआ।

नोट्स

१. कार्मिक धर्मों का परिचय

1. पैट्रिक ओलीवैल, *धर्मः स्टडीज़ इन इट्स सिमेंटिक, कल्चरल एंड रिलीजियस हिस्ट्री* (नई दिल्लीः मोतीलाल बनारसीदास, 2004)
2. मुत्थुस्वामी दीक्षितार एक दक्षिण भारतीय कवि और संगीतज्ञ थे। वे कर्नाटक संगीत के संगीतमय त्रिदेवों में से एक हैं। उन्होंने नवग्रह कीर्ति लिखा, जिसमें उन्होंने नौ ग्रहों का वर्णन करते हुए बुध को नपुंसक (किन्नर) ग्रह के तौर पर माना, उसे बृहस्पति ने ऐसा होने का श्राप दिया था।
3. गायत्री रेड्डी, *कोलोनियलिज़्म एंड क्रिमीनल कास्ट्स विद रिस्पैक्ट टू सेक्सः नेगोषियेटिंग हिजड़ा आईडेंटिटी इन साउथ इंडिया* (शिकागो, यूनीवर्सिटी ऑफ़ शिकागो प्रेस, 2005), पृष्ठ – 26–27।
4. तिसी मरियम थॉमस, *द क्लैन कल्चर ऑफ़ हिजड़ासः एन एक्सप्लोरेषन इन टू हिजड़ा आईडेंटिटी एंड स्टेट्स ऑफ़ हिजड़ास इनसाइड एंड आउटसाइड घरानास* (बंगलौर, सेंटर फॉर रिसर्च प्रोजेक्ट, क्राइस्ट यूनीवर्सिटी, 2013)
5. सुमित गुहा, बियांड कास्टः आईडेंटिटी एंड पावर इन साउथ एशिया, पास्ट एंड प्रेजेंट (नई दिल्ली, परमानेन्ट ब्लैक इन एसोसिएशन विद अशोका यूनीवर्सिटी, 2016)
6. द नेशनल कमीशन फॉर शिड्यूल ट्राईब्स, भारत सरकार, मूल संगह से 14 जनवरी 2012 को लिया गया।

7. 'ट्राईबल रिलीजन इन इंडिया', http://factsanddetails.com/india/Religion_Caste_ Folk_Beliefs_Death/sub7_2g/entry-4148.html, सितंबर 2016 में लिया गया।

8. *समलैंगिकता के बारे में भारत के क्या विचार हैं?*,https://www.quora.com/ What-are-Indias-views-regarding-homosexuality, सितंबर 2016 में लिया गया।

9. जॉन पावर्स, *ए बुल ऑफ़ ए मैनः इमेजिस ऑफ़ मैसकुलीनिटी, सेक्स एंड द बॉडी इन इंडियन बौद्धिज़्म* (लंदन, हार्वर्ड यूनीवर्सिटी प्रेस, 2009)

10. रुथ वनिता एंड सलीम किदवई, संपादक, *सेम–सेक्स लव इन इंडियाः रीडिंग्स फ्रॉम लिटरेचर एंड हिस्ट्री* (न्यू यॉर्क, सेंट मार्टिन्स प्रेस, 2000)।

11. कुमार उत्तम, 'मोदी आस्कस बीजेपी एमपीज़ टू रीच आउट टू ट्रांसजेंडर्स, सीक्स देयर 2 ईयर रिपोर्ट कार्ड', *हिंदुस्तान टाइम्स,* 10 अगस्त 2016, http://www.hindustantimes.com/india-news/modi-asks-bjp-mps- to-reach-out-to-transgenders-seeks-their-2-year-report-card/story- 2CTEOmBYs1qAlPXdCilNgK.html.

२. बौद्ध धर्मः मोक्ष की ओर

1. 'कुल–मालुंक्यवद सुत्त – शॉर्टर इंस्ट्रक्शन टू मालुंक्य (एमएन 63), एसस टू इनसाइट, 10 सितंबर 2016 को लिया गया।

2. प्रतापादित्य पाल, संपादक, *बुद्धिस्ट आर्ट, फॉर्म एंड मीनिंग* (नई दिल्लीः मार्ग, 2007)

3. मल्लार घोष, *डेवलपमेंट ऑफ़ बुद्धिस्ट इकनोग्राफ़ी इन ईस्टर्न इंडिया* (मुंशीराम मनोहरलालः 1980), पृष्ठ 17

4. बेस्ड ऑनः बुसवैल जूनियर, रॉबर्ट एंड लोपेज जूनियर, संपादक, द *प्रिंसटन डिक्शनरी ऑफ़ बुद्धिज्म*। ऑक्सफ़ोर्डः प्रिंसटन यूनीवर्सिटी प्रेस, 2014

5. *काम सुत्त, सुत्त निपात* 4.1

6. विनय पिटकः पद http://www.fairobserver.com/region/asia_pacific/ the-problem-with-sex-according-to-buddhism-10289/.

7. रुथ वनिता एंड सलीम किदवई, संपादक, *सेम–सेक्स लव इन इंडियाः रीडिंग्स फ्रॉम लिटरेचर एंड हिस्ट्री* (नई दिल्ली, पेंग्विन इंडिया, 2008) पृष्ठ 19

8. जॉन पावर्स, *ए बुल ऑफ़ ए मैनः इमेजिस ऑफ़ मैसकुलीनिटी, सेक्स एंड द बॉडी इन इंडियन बौद्धिज़्म* (लंदन, हार्वर्ड यूनीवर्सिटी प्रेस, 2009)

9. 'जेंडर इक्विलिटी इन बुद्धिज़्मः हाउ द लोटस सूत्रा व्यूज़ द एनलाइटमेंट ऑफ़ वूमन', सोका गाकी इंटरनेशनल, बुद्धिज़्म इन एक्शन फॉर पीस, http:// www.sgi.org/about-us/president-ikedas-writings/a-grand-declaration-of- gender-equality.html.

10. रुथ वनिता एंड सलीम किदवई, संपादक, *सेम–सेक्स लव इन इंडियाः रीडिंग्स फ्रॉम लिटरेचर एंड हिस्ट्री* (नई दिल्ली, पेंग्विन इंडिया, 2008)

11. *द क्लेकटिड वर्क्सः (ग्सुन 'बुम) ऑफ़ यांदगोन–पा रग्याल–मत्शान–द्पाल, वॉल्यूम 2* (थिम्पूः कुनसंग तोपगे, 1976), पृष्ठ – 454–457, ग्यात्सो 2003 में वर्णित।

12. पैसार्न लिखितप्रीचाकुल, 'होमोफ़ोबिक लॉ हैज़ नो बेसिस इन बुद्धिज़्म', *द नेशन*, 3 अप्रैल 2015, http://www.nationmultimedia.com/opinion/Homophobic-law-has-NO-BASIS-in-Buddhism-30257329.html.

13. बुद्धिज़्म एंड सेक्सुअल ओरियन्टेशन, Wikipedia.org, https://en.wikipedia.org/ wiki/Buddhism_and_sexual_orientation

14. रुथ वनिता एंड सलीम किदवई, संपादक, *सेम–सेक्स लव इन इंडियाः रीडिंग्स फ्रॉम लिटरेचर एंड हिस्ट्री* (न्यू यॉर्क, सेंट मार्टिन्स प्रेस, 2000)।

15. जॉन पावर्स, *ए बुल ऑफ़ ए मैनः इमेजिस ऑफ़ मैसकुलीनिटी, सेक्स एंड द बॉडी इन इंडियन बौद्धिज़्म* (लंदन, हार्वर्ड यूनीवर्सिटी प्रेस, 2009)

16. 'बुद्धिज़्म एंड सेक्सुअल ओरियन्टेशन', Wikipedia.org, https://en.wikipedia.org/ wiki/Buddhism_and_sexual_orientation

17. पैसार्न लिखितप्रीचाकुल, 'होमोफ़ोबिक लॉ हैज़ नो बेसिस इन बुद्धिज़्म', *द नेशन*, 3 अप्रैल 2015, http://www.nationmultimedia.com/opinion/Homophobic-law-has-NO-BASIS-in-Buddhism-30257329.html.

18. डोनाल्ड एस लोपेज जूनियर, संपादक, *क्रिटीकल टर्म्स फॉर स्टडी ऑफ़ बुद्धिज़्म* (शिकागो, द यूनीवर्सिटी ऑफ़ शिकागो प्रेस, 2005)

19. 'ऑन होमोसेक्सुएलिटी एंड सेक्स इन जनरल', वर्ल्ड तिब्बत नेटवर्क न्यूज़, 27 अगस्त 1997, http://www.tibet.ca/en/library/wtn/archive/old?y=1997&m=8&p=27-2_5.

20. गैरी ल्यूप, *मेल कलर्सः द कंस्ट्रक्षन ऑफ़ होमोसेक्सुएलिटी इन तोकुगावा जापान* (कैलीफोर्नियाः यूनीवर्सिटी ऑफ़ कैलीफोर्निया प्रेस, 1997) पृष्ठ 31

21. पी डी नमरिक, 'द प्रॉबलम्स विद सेक्स अकार्डिंग बुद्धिज़्म' *डायलॉग*, वाल्यूम 48, नंबर 1 (2009), पृष्ठ 62–73। doi:10.1111/j.1540-6385.2009.00431.x.

22. धर्माचारी ज्ञानवीर, 'होमोसेक्सुएलिटी इन जैपनीज़ एंड बुद्धिस्ट ट्रैडीशन', *वेस्टर्न बुद्धिस्ट रिव्यू*, http://www.westernbuddhistreview.com/vol3/ homosexuality.html#_ednref12.

23 आईबीआईडी

24. जोनाथन हिग्बी से उद्धृतः दलाई लामा समलिंगी विवाह को मान्यता देते हैं, उनका कहना है कि किसी को सताना और होमोफोबिया अनुचित है। *इंस्टिंक्ट मैगजीन*, 27 फरवरी 2014, http://instinctmagazine.com/post/dalai-lama-approves- same-sex-marriage-says-bullying-and-homophobia-whats-wrong.

25. बुद्धिज़्म एंड सेक्सुअल ओरियन्टेशन, Wikipedia.org, https://en.wikipedia.org/ wiki/Buddhism_and_sexual_orientation #cite_ref-58

26. रुथ वनिता एंड सलीम किदवई, संपादक, *सेम–सेक्स लव इन इंडियाः रीडिंग्स फ्रॉम लिटरेचर एंड हिस्ट्री* (न्यू यॉर्क, सेंट मार्टिन्स प्रेस, 2000)।

27. जेफ़ विल्सन, 'एक बिग गे हिस्ट्री ऑफ़ सेम–सेक्स मैरिज इन संघ', ट्राईसाइकिल ओआरजी, 27 जून 2015, http://tricycle.org/trikedaily/big-gay-history-same-sex- marriage-sangha/.

28. जेफ़ विल्सन, 'जोडो शिंशु बुद्धिज़्म एंड सेम–सेक्स मैरिज इन यू.एस.', *जर्नल ऑफ़ ग्लोबल बुद्धिज़्म*, वाल्यूम 13, (2012) पृष्ठ 31–59

29. बारबरा ओ ब्रायन, 'डिड दलाई लामा एंडोर्स गे मैरिज?' Thoughtco.com, 26 June 2015, http://buddhism.about.com/od/Living-A-Buddhist-Life/ fl/Same-Sex-Marriage-and-Buddhism.htm.

30. विलियम एडलग्लास, 'तिक नात हन्ह इंटरबीइंग: फोर्टीन गाइडलाइंस फॉर एगेंज्ड बुद्धिज़्म', विलियम इडलग्लास एंड जे गैरफील्ड, संपादक, *बुद्धिस्ट फ़िलॉसफी: एसंषियल रीडिंग्स* (ऑक्सफोर्ड यूनीवर्सिटी प्रेस, 2009), पृष्ठ 420–424।

31. करणीय मेत्ता: बुद्धाज़ वर्ल्ड ऑन लविंग काइंडनेस' अमरावती संघ द्वारा पाली से अनूदित (लीगेसी संस्करण), 2 नवंबर 2013, http://www.accesstoinsight.org/tipitaka/kn/snp/ snp.1.08.amar.html.

३. जैन धर्म: अहिंसा की खोज

1. 'तीर्थंकर' https://www.britannica.com/topic/Tirthankara, सितंबर 2016 में लिया गया।

2. कालीप्रसाद सिन्हा, द *फ़िलॉसफी ऑफ़ जैनिज़्म* (कलकत्ता, पुंथी पुस्तक, 1990)

3. लियोनार्ड विलिंग, *स्वीट मिशेल* (जनवरी 1996)

4. 'लाइक ए सिटी अब्लेज़: द थर्ड सेक्स एंड द क्रिएशन ऑ.फ सेक्सुएलिटी इन जैन रिलीजियस लिटरेचर'। *जरनल ऑफ़ द हिस्ट्री ऑफ़ सेक्सुएलिटी*। 6:375 – जेस्टोर।

४. सिख धर्मः सभी मनुष्य एक समान हैं

1. 'मूल मंत्र', सिखी विकीः एंसाइक्लोमीडिया ऑफ़ सिख्स, अगस्त 2016 में लिया गया। http://www.sikhiwiki.org/index.php/Mool_Mantar.
2. सुरेंद्र सिंह जौहर, *गुरु नानक, ए बायोग्राफी* (कैलीफोर्निया, न्यू बुक कंपनी, 1969)
3. 'द हिंदूज़ सेकर्ड थ्रेड, जनेऊ', सिखी विकीः एंसाइक्लोपीडिया ऑफ़ सिख्स, http://www.sikhiwiki.org/index.php/The_Hindu_Sacred_Thread,_Janeu, सितंबर 2016 में लिया गया।
4. 'न कोई हिंदू, न कोई मुसलमान', सिखी विकीः एंसाइक्लोपीडिया ऑफ़ सिख्स, http://www.sikhiwiki.org/index.php/There_is_no_Hindu_and_no_Musalman, सितंबर 2016 में लिया गया।
5. जे. सिंह, 'गुरु नानक एंड बी 40 जनमसाखीः द मीटिंग विद शेख सर्राफ, Sarbat.net, 9 February 2009, http://www.sarbat.net/nanak-b40janamsakhi.htm, अगस्त 2016 में लिया गया।
6. सुखमंदिर खालसा, 'द फ़ोर लावां, सिख वेडिंग हिम्स', Thoughtco.com, 18 September 2017, http://sikhism.about.com/od/sikhweddinghymns/a/ Lavan.htm.
7. सुखदीप सिंह, 'रिलीजियस लीडर रिलीज ज्वांयट स्टेटमेंट वेलकमिंग सुप्रीम कोर्ट वर्डिक्ट ऑन सेक्शन 377', GaylaxyMag.com, 20 Dec 2013, http://www.gaylaxymag.com/latest-news/religious-leaders-release-joint- statement-welcoming-supreme-court-verdict-on-sec-377/.
8. 'सिख हैड प्रीस्ट अपोज़्ड कनाडाज़ सेम–सैक्स मैरिज बिल, कम्यूनिटी ओपीनियन स्पिल्ट' UCANews.com, 3 February 2005] http://www.ucanews.com/ story-archive/?post_name=/2005/02/03/sikh-head-priest-opposes-canadas- samesex-marriage-bill-community-opinion-split&post_id=25359.

9. विवेक गुप्ता व असीम बसई, 'प्रो–गे कैनेडियन लीडर रन्स इन टू एन एथिकल वॉल इन पंजाब' *हिंदुस्तान टाइम्स*, 30 जनवरी 2016, http://www. hindustantimes.com/punjab/sgpc-not-to-offer-siropa-to-lesbian-canada- premier-at-golden-temple/story-nrz0hEBC699VnjxSLJHGpO.html.

10. पैट जॉनसन, 'सिख प्राइड मार्शल रिलेक्ट्स ऑन डिफिकल्टी कमिंग आउट', *वैंकूवर कोरियर*, 27 जुलाई 2016, http://www.vancourier.com/community/sikh-pride- marshal-reflects-on-difficulty-coming-out-1.2311634.

५. हिंदू धर्मः ज्ञानी विविधता का मान करता है

1. श्रीमद् भगवद् गीता, अध्याय, श्लोक 6
2. देवदत्त पट्टनायक, *षिखंडी एंड अदर क्वीर टेल्स दे डोंट टेल यू* (नई दिल्ली, जुबान, 2014) पृष्ठ 31
3. आईबीआईडी
4. आईबीआईडी, पृष्ठ 121
5. देवदत्त पट्टनायक, 'किस तरह विपरीतलिंगियों के एक नए अखाड़े ने उज्जैन कुंभ में सबका ध्यानाकर्षण पाया।' Scroll.in, 29 June 2016, https://scroll.in/ article/809995/how-a-new-akhara-of-transgendered-people-stole-the-spotlight- at-the-ujjain-kumbh.
6. वेंडी डोनिजर, *द हिंदूज़: एन आल्टरनेटिव हिस्ट्री* (नई दिल्ली, पेंग्विन 2009) पृष्ठ 596
7. मनुस्मृति (12:175)
8. लुईस – जार्जिस टिन, संपादक, *द डिक्षनरी ऑफ़ होमोफोबिया: ए ग्लोबल हिस्ट्री ऑफ़ गे एंड लेस्बियन एक्सपीरियंस* (वैंकूवर, आर्सेनल, 2003)
9. अभिलाष राजेंद्रन, 'कामशास्त्र सीखने के लिए आदि शंकराचार्य का परकाया प्रवेश', Hindu-blog.com, 12 July 2012, https://www.hindu-blog.

com/2012/07/adi-shankaracharyas-parakaya-pravesha.html, सितंबर 2016 में लिया गया।

10. गे एंड लेस्बियन वैष्णव एसोसिएशनः इंफ़र्मेशन एंड स्पोर्ट फ़ॉर एलजीबीटीआई वैष्णव एंड हिंदूज़,. http://www.galva108.org/Summary-of-Vedic-references, सितंबर 2016 में लिया गया।
11. गे एंड लेस्बियन वैष्णव एसोसिएशनः इंफ़र्मेशन एंड स्पोर्ट फ़ॉर एलजीबीटीआई वैष्णव एंड हिंदूज़,. http://www.galva108.org/single-post/2014/05/11/ Vedic-ThirdGender-Types-and-Terms.
12. जेम्स सी हार्ले, *द आर्ट एंड आर्किटेक्चर ऑफ़ इंडियन सबकांटीनेंट* (न्यू हैवन, याले यूनीवर्सिटी प्रेस, 1994) पृष्ठ 161
13. गे एंड लेस्बियन वैष्णव एसोसिएशनः इंफर्मेशन एंड स्पोर्ट फॉर एलजीबीटीआई वैष्णव एंड हिंदूज़, . http://www.galva108.org/single-post/2014/05/11/ Vedic-ThirdGender-Types-and-Terms.
14. देवदत्त पट्टनायक, *माई गीता* (नई दिल्लीः पेंग्विन रेंडम हॉउस, 2015)
15. 'श्री श्री रवि शंकर कहते हैं कि हिंदू धर्म में समलैंगिकता अपराध नहीं है', *फर्स्ट पोस्ट काम*, 12 दिसंबर 2013, http://www.firstpost.com/india/homosexuality-not- a-crime-in-hinduism-says-sri-sri-ravi-shankar-1283843.html.

ग्रंथ सूची

1. अंबालाल, अमित। *कृष्णा एज़ श्रीनाथ जी*। अहमदाबादः मेपिन पब्लिशिंग प्राइवेट लि., 1995।
2. एंडरसन, लिओना एम.। *वसंतोत्सवः द स्प्रिंग फेस्टीवल्स ऑफ़ इंडिया*। नई दिल्लीः डी.के. प्रिंटवुड प्राइवेट लि., 1993।
3. बेगमिल, ब्रूस। *बायोलॉजिकल एक्ज़्यूबिरेंस एंड एनीमल होमोसेक्सुएलिटी एंड नेचुरल डाइवरसिटी*। लंदनः प्रोफाइल बुक्स, 1999।
4. भंडारकर, रामकृष्ण गोपाल। *वैष्णविज़्म, शैविज़्म एंड माइनर रिलीजियस सिस्टम्स*। नई दिल्लीः एशियन एजुकेशनल सर्विसेज़, 1983।
5. ब्रिस्टो, जोसफ़। *सेक्सुएलिटी, द न्यू क्रिटिकल इडियम सीरीज़*। लंदनः रॉटलैज, 1997।
6. ब्राउन, रॉबर्ट एल., संपादक। *गणेश – स्टडीज़ ऑफ़ एन एशियन गॉड*। दिल्लीः श्री सतगुरु, 1991।
7. कॉप, लॉरेंस। *मिथ, द न्यू क्रिटिकल इडियम सीरीज़*। लंदनः रॉटलैज, 1997।
8. डांगे, सदाशिव अंबादास। *इंसाक्लोपीडिया ऑफ़ पौराणिक बिलीव्स एंड प्रेक्टिसिस, भाग 1–5*। नई दिल्लीः नवरन, 1990।
9. डेनिलो, एलन। *गॉड्स ऑफ लव एंड एक्सटेसीः द ट्रेडीशन ऑफ शिवा एंड डायनोसिस*। रोचेस्टर, वीटीः इनर ट्रेडीशंस, 1992।
10. देवी, शकुंतला। द *वर्ल्ड ऑफ होमोसेक्सुअल्स*। नई दिल्लीः बैल बुक्स, 1978।

11. धारवाड़कर, विनय, संपादक। द *क्लेक्टिड एसेज़ ऑफ़ ए.के. रामानुजन*। नई दिल्लीः ऑक्सफ़ोर्ड यूनीवर्सिटी प्रेस, 1999।

12. डोनिजर, वेंडी एंड स्मिथ, ब्रायन के.। द *लॉज ऑफ़ मनु*। नई दिल्लीः पेंग्विन बुक्स, 1991।

13. डोनिजर, वेंडी। *स्पिलटिंग द डिफ़रेंस*। नई दिल्लीः ऑक्सफ़ोर्ड यूनीवर्सिटी प्रेस, 2000।

14. इलियट, एलेक्ज़ेंडर। द *यूनीवर्सल मिथ*। न्यू यॉर्कः मैरीडियन बुक्स, 1990।

15. ऐंटविसल, ए.डब्लयू.। *ब्रज, सेंटर ऑफ़ कृष्णा पिलग्रिमेज*। ग्रोनिनजन, नीदरलैंडसः एगर्बट फोरस्टन, 1987।

16. फ्लड, गेविन। *एन इंट्रोडक्शन टू हिंदुइज़्म*। नई दिल्लीः कैम्ब्रिज यूनीवर्सिटी प्रेस, 1998।

17. फ़्रॉले, डेविड। *फ़्रॉम द रिवर ऑफ़ हैवन*। नई दिल्लीः मोतीलाल बनारसीदास पब्लिशर्स प्राइवेट लि., 1992।

18. ग्रेव्स, रॉबर्ट। द *ग्रीक मिथ*। लंदनः पेंग्विन बुक्स, 1960।

19. हैंसन, कैथरीन। *ग्राउंड्स फ़ॉर प्लेः द नौटंकी थियेटर ऑफ़ नॉर्थ इंडिया*। बर्कलेः यूनीवर्सिटी ऑफ़ कैलीफ़ोर्निया प्रेस, 1991।

20. हर्टसुइकर, डोल्फ़। *साधुज़ः होली मैन ऑफ़ इंडिया*। लंदनः थेम्स एंड हडसन, 1993।

21. हाईवाटर, जैमेक। *मिथ एंड सैक्सुएलिटी*। न्यू यॉर्कः मैरीडियन, 1990।

22. हिल्टबीटल, एल्फ़। द *कल्ट ऑफ़ द्रौपदी*। शिकागोः द यूनीवर्सिटी ऑफ़ शिकागो प्रेस, 1988।

23. जैनी, पद्मनाभ, एस.। द *जैन पाथ ऑफ़ प्यूरीफ़िकेशन*। नई दिल्लीः मोतीलाल बनारसीदास पब्लिशर्स प्राइवेट लि., 1979।

24. जयकर, पुपुल। द *अर्थ मदर*। नई दिल्लीः पेंग्विन बुक्स, 1989।

25. जॉर्डन, मिशेल। *मिथ्स ऑफ़ द वर्ल्ड*। लंदनः कैम्ब्रिज यूनीवर्सिटी प्रेस, 1993।

26. कक्कड़, सुधीर। *द इनर वर्ल्डः ए साइको–एनलटिक स्टडी ऑफ़ चाइल्डहुड एंड सोसायटी इन इंडिया*। दिल्लीः ऑक्सफ़ोर्ड यूनीवर्सिटी प्रेस, 1991।

27. किंस्ले, डेविड। *हिंदू गॉडेस, विज़न ऑफ़ डिवाइन फ़ैमीनियन इन हिंदू रिलीजिसय ट्रेडीशन*। नई दिल्लीः मोतीलाल बनारसीदास पब्लिशर्स प्राइवेट लि., 1987।

28. लॉरेंज़ेन, डेविड एंड मुनोज़, एड्रियन, संपादक। *योगी हीरोज़ एंड पोयट्सः हिस्ट्री एंड लीजेंड्स ऑफ़ नाथ्स*। न्यू यॉर्कः स्टेट यूनीवर्सिटी ऑफ़ न्यू यॉर्क प्रेस, 2011।

29. मल्होत्रा, राजीव। *इंद्रास नेट*। नई दिल्लीः हॉर्परकॉलिंस, 2014।

30. मणि, वेत्तम। *पौराणिक इंसाक्लोपीडिया*। नई दिल्लीः मोतीलाल बनारसीदास पब्लिशर्स प्राइवेट लि., 1996।

31. मार्टिन–डुबोस्ट, पॉल। *गणेशाः एनचैंटर ऑफ़ थ्री वर्ल्ड्स*। मुंबईः फ्रेंको–इंडियन रिसर्च, 1997।

32. मज़ूमदार, सुभाष। *हू इज़ हू इन द महाभारत*। मुंबईः भारतीय विद्या भवन, 1988।

33. मर्चेंट, होशांग, संपादक। *याराना: गे राईटिंग इन इंडिया*। नई दिल्लीः पेंग्विन बुक्स, 1999।

34. मेयर, जोहेन जैकब। *सेक्सुएल लाइफ़ इन एंशियट इंडिया*। नई दिल्लीः मोतीलाल बनारसीदास पब्लिशर्स प्राइवेट लि., 1989।

35. नबर वी., तुमकुर एस.। द *भगवद् गीता*। हर्टफ़ोर्डशायरः वर्ड्सवर्थ क्लासिक्स, 1997।

36. नागर, शांतिलाल और नाग, तृप्ता, अनुवादक। *गिरधर रामायण इन गुजराती*। मुंशीलाल मनोहरलाल, 2003।

37. नंदा, सेरीना। *नीदर मैन नॉर वूमनः द हिजड़ास ऑफ़ इंडिया*। बैलमॉन्ट, कैलीफोर्नियाः वॉड्सवर्थ, 1990।

38. ओ .फ्लाहर्टी, वेंडी डोनिजर, अनुवाद। द *रिगवेदा एन एंथोलॉजी*। नई दिल्लीः पेंग्विन बुक्स, 1994।

39. ओ.फ्लाहर्टी, वेंडी डोनिजर। *सेक्सुएल मेटाफ़ोर एंड एनीमल सिंबल्स इन इंडियन माइथोलॉजी*। नई दिल्लीः मोतीलाल बनारसीदास पब्लिशर्स प्राइवेट लि., 1981।

40. पनाती, चार्ल्स। *सेक्सी ओरिजंस एंड इंटीमेट थिंग्स*। न्यू यॉर्कः पेंग्विन बुक्स, 1998।

41. रान्डोल्फ पी., लुंडसचेन कोनर, डेविड हैटफील्ड स्पार्क, मरिया स्पार्क। *कैसल्स इंसाक्लोपीडिया ऑफ़ क्वीर मिथ, सिंबल एंड स्पिरिट*। लंदनः कैसल, 1997।

42. श्वाट्र्ज़, किट। द *मेल मेंबर*। न्यू यॉर्कः सेंट मार्टिन प्रेस, 1985।

43. सेन, माखन लाल। द *रामायण ऑफ़ वाल्मीकि*। नई दिल्लीः मुंशीराम मनोहरलाल पब्लिशर्स प्राइवेट लि., 1978।

44. स्पेंसर, कॉलिन। *होमोसेक्सुएलिटी, ए हिस्ट्री*। लंदनः फोर्थ एस्टेट, 1995।

45. स्टाल, फ्रिट्स। *डिस्कवरिंग द वेदाज़ः ओरिजंस, मंत्राज़, रिचुअल्स, इन्साइट्स*। न्यू दिल्लीः पेंग्विन इंडिया, 2008।

46. सुब्रमण्यम, कमला। *महाभारत*। मुंबईः भारतीय विद्या भवन, 1988।

47. सुब्रमण्यम, कमला। *श्रीमद्भागवतम्*। मुंबईः भारतीय विद्या भवन, 1987।

48. सुब्रमण्यम, कमला। *रामायण*। मुंबईः भारतीय विद्या भवन, 1990।

49. थडानी, गीति। *सखियाणी*। लंदनः कैसल, 1996।

50. वनिता, रुथ, और किदवई, सलीम, संपादक। *सेम सेक्स लव इन इंडियाः ए लिटरेरी हिस्ट्री*। नई दिल्लीः पेंग्विन इंडिया, 2008।

51. वर्मा, पवन के.। *कृष्णा, द प्लेफ़ुल डिवाइन*। नई दिल्लीः पेंग्विन बुक्स, 1993।

52. वाकर, बेंजामिन। *हिंदू वर्ल्ड भाग 1 और 2*। नई दिल्लीः मुंशीराम मनोहरलाल पब्लिशर्स प्राइवेट लि., 1983।

53. विलहैम, अमर दास। *तृतीय प्रकृतिः पीपल ऑफ़ द थर्ड सेक्स*। फ़िलेडेल्फ़ियाः ज़िलब्रिस कार्पोरेशन, 2003।

54. ज़िमर, हेनरिक। *मिथ्स एंड सिंबल्स इन इंडियन आर्ट एंड सिविलाइजेशन*। नई दिल्लीः मोतीलाल बनारसीदास पब्लिशर्स प्राइवेट लि., 1990।